LE MODÈLE DUBAÏ

Une stratégie de reconstruction pour un Congo moderne

Éric Kamba

LE MODÈLE DUBAÏ

Une stratégie de reconstruction pour un Congo moderne

Préface de Léon Matangila Musadila

L'Harmattan

5-7, rue de l'École-Polytechnique ; 75005 Paris

www.editions-harmattan.fr

ISBN : 978-2-336-56037-3
EAN : 9782336560373

Cartes thématiques

1. **Corridors économiques intégrés**
   - Corridor Est : Kisangani–Goma–Kigali–Mombasa
   - Corridor Sud : Kolwezi–Dilolo–Luanda–Walvis Bay
   - Corridor Centre : Kinshasa–Brazzaville–Bangui–N'Djamena

2. **Zones Économiques Spéciales (ZES)**
   - Localisation et périmètres des ZES minières (Kolwezi, Kipushi)
   - ZES agricoles (Kasaï, Équateur)
   - ZES logistiques (Matadi, Kisangani)
   - ZES numériques et technologiques (Kinshasa, Goma)

3. **Villes pilotes et villes secondaires**
   - Carte des 20 villes prioritaires classées par typologie (métropoles, villes-ponts, cités industrielles)
   - Emplacement des pôles d'innovation urbaine (Goma Hub, Kinshasa Digital, etc.)

:Chronologies détaillées

A. Chronologie des grands projets de Dubaï

Année	Projet / Événement	Description succincte
1958	Création de l'Émirat de Dubaï	Fondation de l'entité politique moderne
1966	Découverte du pétrole	Point de départ de l'essor économique
1971	Fondation des É.A.U.	Dubaï devient membre-fondateur de la fédération
1979	Inauguration du Jebel Ali Port	Lancement du plus grand port en eaux profondes de la région
1985	Ouverture de l'aéroport international	Construction du terminal original, première phase majeure
1999	Lancement de Dubai Internet City	Première free zone technologique
2002	Création de Dubai Shopping Festival	Début du tourisme d'achat
2004	Mise en service du Dubai Metro (planification)	Plan directeur de transport urbain
2006	Publication de My Vision par Mohammed bin Rashid	Vision et philosophie de développement
2008	Démarrage du Burj Khalifa	Construction de la plus haute tour du monde

Année	Projet / Événement	Description succincte
2010	Inauguration du Burj Khalifa	Ouverture officielle et lancement touristique mondial
2014	Lancement de Smart Dubai	Programme de numérisation intégrale de l'administration
2020	Objectif Paperless attaint	Administration « zéro papier »
2021	Dubai Expo 2020 (reporté pour 2021)	Exposition universelle axée sur « connecter les esprits, construire le futur »

B. Chronologie des grands projets de la RDC

Période	Projet / Événement	Description succincte
1972	Inauguration de Inga I (351 MW)	Premier barrage hydroélectrique majeur sur le fleuve Congo
1982	Mise en service de Inga II (1 424 MW)	Extension de la production hydroélectrique
1999–2003	Gouvernance de transition	Première phase de redéfinition institutionnelle
2002	Éruption du Nyiragongo à Goma	Crise humanitaire et reconstruction urbaine
2014	Lancement du Parc Agro-industriel de Bukanga-Lonzo	Projet ambitieux d'agro-industrie
2016	Abandon progressif de Bukanga-Lonzo	Échec et friches résultantes
2017	Création de la Zone Économique Spéciale de Fungurume	Début de formalisation des ZES minières

Période	Projet / Événement	Description succincte
2019	Kinshasa Digital Week (première édition)	Essor de l'écosystème tech local
2020	Rapport de l'Inspection Générale des Finances (IGF)	Audit révélant détournements et inefficacités
2021	Éruption du Nyiragongo (2e crise)	Nouvelle phase de résilience urbaine à Goma
2022	Adoption de la Loi PPP	Cadre légal pour les partenariats public–privé
2023	Lancement de Justice	Digitalisation des procédures judiciaires
2025	Vision Congo 2045 publiée	Feuille de route stratégique centenaire

Ces chronologies offrent un repère historique pour comprendre la temporalité des grands projets et mieux positionner les propositions du livre dans un contexte de continuité et de rupture.

Dédicace

Au peuple congolais,
qui porte, avec dignité et résilience, le poids d'une histoire complexe et les espoirs d'un avenir meilleur.

Aux leaders visionnaires,
qui comprennent que gouverner, c'est prévoir, et que construire un pays, c'est d'abord croire en sa propre grandeur.

Que ce livre serve d'outil, d'inspiration et de catalyseur.

Pour un Congo debout, moderne, et maître de sa destinée.

À la jeunesse congolaise,
Celle qui rêve malgré les épreuves,
Celle qui construit dans le silence,
Celle qui résiste à l'oubli,

Remerciements

Ce livre est le fruit d'un long cheminement. Il n'aurait jamais vu le jour sans l'apport de nombreuses personnes, visibles et invisibles, qui m'ont inspiré, soutenu ou challengé tout au long de ce projet.

Je tiens d'abord à remercier ma famille, pour sa patience, son amour et sa foi constante en mes engagements. Vos encouragements silencieux sont les piliers de ma persévérance.

Ma gratitude s'adresse également à mes collègues, amis intellectuels, chercheurs, économistes, juristes et stratèges congolais et africains. Par vos critiques exigeantes et vos visions lucides, vous avez renforcé la rigueur de mes idées.

Je pense avec reconnaissance aux jeunes Congolaises et Congolais rencontrés lors de débats, ateliers, forums ou échanges informels. Leur lucidité, leur courage et leur soif de changement sont une source permanente d'inspiration. Ce livre leur est dédié autant qu'il est destiné.

Merci aussi aux leaders politiques, entrepreneurs et membres de la diaspora qui croient, comme moi, que la RDC mérite un avenir à la hauteur de ses potentiels.

Enfin, je rends hommage à toutes celles et ceux qui œuvrent dans l'ombre pour un Congo meilleur, souvent sans reconnaissance, parfois sans moyens, mais toujours avec intégrité.

Ce travail est une contribution parmi d'autres à la grande œuvre collective de la reconstruction. Puisse-t-il semer quelques idées, provoquer quelques élans, et ouvrir quelques chemins.

Éric Kamba

Préface

Il m'a été agréable de répondre à la demande surprise de Monsieur Éric Kamba de préfacer son ouvrage qui a pour pierre de touche le modèle Dubaï une stratégie de reconstruction pour un Congo moderne.

Certaines raisons ont conduit l'auteur à donner à lire ces pages. En effet, la République Démocratique du Congo, vaste et stratégiquement positionnée au cœur de l'Afrique, est dotée de ressources naturelles sans équivalent, d'un peuple résilient, et d'une jeunesse prête à s'investir. Mais elle manque encore d'un récit de reconstruction cohérent, mobilisateur et structurant. Comme le souligne l'auteur, « la République Démocratique du Congo reste emblématique : un géant aux pieds d'argile, doté d'abondantes ressources naturelles, d'un immense territoire, d'une population jeune, mais freiné dans son envol par l'instabilité politique, l'inefficacité institutionnelle et l'absence d'une vision claire de développement ».

Ce qu'il faut bien voir, le dit l'auteur, «En observant la trajectoire de Dubaï, j'ai compris qu'il n'existe pas de fatalité. Ce qui compte, ce n'est pas d'où l'on vient, mais où l'on veut aller, et surtout avec quelle volonté on y va. Dubaï, hier inconnu, est devenu incontournable. Pourquoi le Congo n'en ferait-il pas autant ? Pourquoi ne penserions-nous pas, nous aussi, à très long terme ? Pourquoi ne pas croire, enfin, en notre propre modèle, inspiré mais enraciné ? »

Ce livre est donc un outil. Il rassemble des propositions concrètes, des perspectives réalistes, mais aussi des convictions profondes pour la transformation véritable du pays. L'objectif de cet ouvrage est dès lors de penser autrement l'avenir de la République Démocratique du Congo. L'auteur propose de penser un Congo qui n'attend plus, mais qui anticipe, planifie, mobilise et innove. Le "modèle Dubaï" n'est pas un modèle à copier dans un mimétisme aveugle, mais une source d'inspiration pour libérer le potentiel congolais. Il s'agit d'un appel à l'action, à la cohérence, et à la souveraineté assumée. Pour Monsieur Eric Kamba, il est question d' « un appel à faire du XXIe siècle non pas un énième siècle perdu pour la RDC, mais celui de sa reconstruction décisive. ». Comme on peut le voir, la finalité de ces lignes est d'initier un débat sur les alternatives de reconstruction nationale. L'exemple de Dubaï n'est pas une copie à reproduire à l'identique certes. Il peut cependant servir de source d'inspiration pragmatique pour forger un avenir congolais moderne, autonome et ambitieux. Ce qu'il faut bien voir cependant, comme l'a si bien vu l'auteur, « Dubaï offre un cas d'école de transformation rapide, fondée sur la vision à long terme, la maîtrise de la planification, l'innovation dans la gouvernance, l'ouverture économique, et surtout, une volonté politique sans compromis. »

L'ouvrage répond à juste titre au questionnement soulevé par l'auteur: . « L'inconnu de hier, Dubaï est devenu incontournable. Pourquoi le Congo n'en ferait-il pas autant ? Pourquoi ne penserions-nous pas, nous aussi, à très long terme ? Pourquoi ne pas croire, enfin, en notre propre modèle, inspiré mais enraciné ? Si le modèle Dubaï, audacieux, contextualisé et adapté, pouvait inspirer la renaissance congolaise ? »

L'hypothèse de l'ouvrage est la conviction selon laquelle, si la République Démocratique du Congo ne peut pas devenir un "Dubaï africain" suite à la différence du contexte historique, culturel, géopolitique et démographique, elle peut cependant apprendre, s'inspirer et adapter intelligemment certains leviers du modèle émirati pour redéfinir son propre chemin de transformation

Comme limite, Monsieur Eric Kamba reconnait que ses cogitations ont pour ancrage spatial la République Démocratique du Congo. Cependant, il est bien conscient que plusieurs pays africains se trouvent dans le même cas et peuvent aussi s'inspirer du modèle Dubaï. Dès lors, ses réflexions peuvent se vérifier et s'appliquer ailleurs dans le continent. Aussi, il ne prétend pas avoir épuisé la réflexion sur la réalité Dubaï comme source d'inspiration de la République Démocratique du Congo. Les apports des autres chercheurs et acteurs lui paraissent indispensables pour enrichir son propos.

Comme démarche, l'auteur précise : « La rédaction de cet ouvrage, Le Modèle Dubaï, repose sur une démarche méthodologique rigoureuse, nourrie à la fois par une réflexion stratégique, une analyse comparative et une étude approfondie des réalités économiques, politiques et sociales du Congo». Aussi, Eric Kamba a mis à profit la démarche historique et prospective pour penser l'avenir de la République Démocratique du Congo autrement. L'observation et l'expérience de Dubaï ont façonné ses convictions. La démarche réflexive et critique lui ont permis d'aboutir à des propositions utiles pour l'essor et le développement de la République Démocratique du Congo.. Aussi, la lecture de nombreux ouvrages publiés et inédits lui a été indispensable.

L'ouvrage est articulé en vingt-neuf chapitres structurés autour de domaines clés dont l'urbanisme, la gouvernance, les infrastructures, l'économie numérique, la diplomatie économique, la réforme de l'État, le développement régional, le rôle de la diaspora et un épilogue.

Cet essai s'adresse aux décideurs politiques, aux universitaires, aux entrepreneurs, aux membres de la diaspora, mais aussi à toutes les citoyennes et citoyens congolais qui refusent la fatalité et croient encore en un destin collectif. Le modèle Dubaï ne doit pas être copié, il doit être réinventé pour le Congo.

Ce qu'il faut bien voir, je l'affirme avec conviction, le monde scientifique, des affaires, de la politique et du développement socio-économique ne peut que se réjouir pour cette œuvre d'information, de formation, de responsabilité et d'inspiration dont je recommande vivement la lecture.

Léon Matangila Musadila

Professeur des Universités

Doyen Honoraire/Faculté des Lettres et Sciences Humaine/
Université de Kinshasa

Directeur de L'Harmattan RD Congo

Avant-propos

Écrire ce livre n'est pas un simple exercice intellectuel. C'est un acte de foi.

Foi en un pays trop souvent incompris, fragmenté, caricaturé. Foi en un peuple dont la résilience mérite mieux que la survie. Foi, surtout, en une jeunesse qui refuse la résignation.

La République Démocratique du Congo, mon pays, est une terre de contrastes extrêmes. Abondance des ressources, mais pauvreté généralisée. Espoirs immenses, mais institutions fragiles. Une géographie puissante, mais une vision politique souvent absente. Face à ces paradoxes, j'ai voulu proposer plus qu'un constat : une stratégie de reconstruction.

En observant la trajectoire de Dubaï, j'ai compris qu'il n'existe pas de fatalité. Ce qui compte, ce n'est pas d'où l'on vient, mais où l'on veut aller, et surtout avec quelle volonté on y va. Dubaï, hier inconnu, est devenu incontournable. Pourquoi le Congo n'en ferait-il pas autant ? Pourquoi ne penserions-nous pas, nous aussi, à très long terme ? Pourquoi ne pas croire, enfin, en notre propre modèle, inspiré mais enraciné ?

Ce livre est donc un outil. Il rassemble des propositions concrètes, des perspectives réalistes, mais aussi des convictions profondes. Il s'adresse aux dirigeants comme aux citoyens, aux intellectuels comme aux bâtisseurs, aux rêveurs comme aux stratèges.

Je dédie ces pages à toutes celles et ceux qui, malgré les vents contraires, croient encore au Congo. Non pas comme un problème, mais comme une solution africaine. Non pas comme un terrain de jeu pour puissances étrangères, mais comme une puissance en devenir.

Que ce livre ouvre des portes, provoque des débats, inspire des projets.

Que son ambition devienne contagieuse.

Introduction générale

Ces pages portent sur le modèle Dubaï : une stratégie de reconstruction pour un Congo moderne.

Certaines raisons justifient ces pages. En effet, l'Afrique regorge d'exemples contrastés de trajectoires économiques, de réformes avortées, de résiliences citoyennes et d'ambitions refoulées. Parmi ces histoires complexes, celle de la République Démocratique du Congo reste emblématique : un géant aux pieds d'argile, doté d'abondantes ressources naturelles, d'un immense territoire, d'une population jeune, mais freiné dans son envol par l'instabilité politique, l'inefficacité institutionnelle et l'absence d'une vision claire de développement.

À l'inverse, le cas de Dubaï offre une leçon audacieuse et inspirante. Ancien comptoir désertique, ce territoire des Émirats arabes unis s'est transformé, en l'espace de quelques décennies, en une puissance régionale incontournable : hub logistique, financier, technologique et touristique mondialement reconnu. Ce développement rapide et multidimensionnel n'est pas le fruit du hasard : il repose sur une vision stratégique volontariste, une gouvernance centralisée mais efficace, des investissements massifs dans les infrastructures et l'innovation, et une ouverture assumée sur le monde..

Comme objectif notamment, cet ouvrage propose une grille de lecture concrète et ambitieuse. Il invite à penser un Congo qui n'attend plus, mais qui anticipe, planifie, mobilise et innove. Le "modèle Dubaï" n'est pas un modèle à copier dans un mimétisme aveugle, mais une source d'inspiration pour libérer le potentiel congolais. Il s'agit d'un appel à l'action, à la cohérence, et à la souveraineté assumée. Un appel à faire du XXIe siècle non pas un énième siècle perdu pour la RDC, mais celui de sa reconstruction décisive.

Ce texte que je donne à lire est dès lors un outil. Il rassemble des propositions concrètes, des perspectives réalistes, mais aussi des convictions profondes pour une transformation véritable de la République Démocratique du Congo. L'objectif principal de ce livre se résume à : penser l'avenir de la République Démocratique du Congo autrement

Ce livre s'inscrit dans une logique de proposition, non de constat. Il se veut un outil de réflexion et de projection, pour initier un débat sur les alternatives de reconstruction nationale. L'exemple de Dubaï n'est pas une copie à reproduire, mais une source d'inspiration pragmatique pour forger un avenir congolais moderne, autonome et ambitieux.

Certaines questions ont suscité ma curiosité et ont mobilisé mon intelligence. En effet, en observant la trajectoire de Dubaï, j'ai compris qu'il n'existe pas de fatalité ni de pessimisme morbide. L'inconnu de hier, Dubaï est devenu incontournable. Pourquoi le Congo n'en ferait-il pas autant ? Pourquoi ne penserions-nous pas, nous aussi, à très long terme ? Pourquoi ne pas croire, enfin, en notre propre modèle, inspiré mais enraciné ? Si le modèle Dubaï, audacieux, contextualisé et adapté, pouvait inspirer la renaissance congolaise ?

Ces pages reposent sur certaines hypothèses. Ce livre ne prétend pas que la RDC doive devenir un "Dubaï africain". Les contextes historiques, culturels, géopolitiques et démographiques sont foncièrement différents. Mais il affirme que le Congo peut apprendre, s'inspirer et adapter intelligemment certains leviers du modèle émirati pour redéfinir son propre chemin de transformation

Comme limite, ce livre ne propose ni une imitation servile, ni une idéalisation naïve du Golfe arabe. Il ne s'agit donc pas d'une transplantation à l'identique, clef en main du modèle Dubaï, sans tenir compte des réalités singulières et particulières de la République Démocratique du Congo. Il s'agit d'un exercice de transposition stratégique, ancré dans les réalités, dans la contextualité, les blocages, mais aussi les potentiels considérables du Congo. Dubaï offre un cas d'école de transformation rapide, fondée sur la vision à long terme, la maîtrise de la planification,

l'innovation dans la gouvernance, l'ouverture économique, et surtout, une volonté politique sans compromis.

Dans l'espace, mes cogitations ont pour ancrage la République Démocratique du Congo. Je suis bien conscient que plusieurs pays africains se trouvent dans le même cas et peuvent aussi s'inspirer du modèle Dubaï. Dès lors, la réflexion peut se vérifier et s'appliquer ailleurs dans le continent.

Aussi, je n'ai pas la prétention d'avoir épuisé la réflexion sur la réalité Dubaï comme source d'inspiration de la République Démocratique du Congo. Les apports des autres chercheurs et acteurs me paraissent indispensables pour enrichir mon propos.

Ma démarche est historique et prospective pour penser l'avenir de la République Démocratique du Congo autrement. L'observation et l'expérience de Dubaï ont façonné mes convictions. La démarche réflexive et critique m'ont permis d'aboutir à des propositions que je juge utiles pour l'essor et le développement de la République Démocratique du Congo.

Ainsi, j'ai utilisé l'analyse documentaire comparative de sources nationales et internationales, permettant de comprendre les ressorts du développement de Dubaï. Cela inclut :

- Les documents de planification stratégique de Dubaï (Vision 2021, Urban Master Plan 2040).

- Les rapports économiques et financiers d'organisations telles que la Banque mondiale, le FMI, ou l'OCDE.

- Les publications académiques sur les modèles de croissance rapide dans les pays du Golfe.

- Les documents de politique publique congolais : Plan National de Développement (PND), stratégies sectorielles (infrastructure, mines, fiscalité, urbanisme).

- Les indicateurs de développement (Doing Business, Indice de Gouvernance Africaine, Human Development Index, etc.).

Une méthode de benchmarking (comparaison des meilleures ques) a été utilisée pour analyser des éléments clés de la égie de Dubaï :

- Infrastructures modernes et connectivité globale

- Fiscalité attractive et zones franches

- Leadership visionnaire et gouvernance centralisée

- Diversification économique au-delà des ressources naturelles

Chaque levier de développement a été mis en parallèle avec les possibilités d'implémentation dans le contexte congolais, en tenant compte des contraintes institutionnelles, financières, et sociopolitiques.

Une grille de lecture géopolitique, géostratégique et géoéconomique a guidé l'analyse. Le développement d'un pays comme la RDC ne peut être pensé sans une compréhension :

- Des rapports de force régionaux (Rwanda, Ouganda, Angola).

- De la place du Congo dans les enjeux africains et internationaux (Chine, Émirats, Occident, BRICS).

Du rôle des diasporas africaines, et des partenariats sud-sud dans l'amorce d'un modèle alternatif.

Cette approche permet d'ancrer la vision de reconstruction dans une logique de souveraineté stratégique et d'intégration régionale.

Une analyse des faiblesses structurelles et systémique du contexte congolais a été réalisée afin d'identifier les blocages qui empêchent l'émergence :

- Instabilité politique chronique

- Faiblesse des institutions publiques

- Dépendance aux matières premières

- Corruption généralisée

- Absence de vision nationale à long terme

Une matrice SWOT (forces, faiblesses, opportunités, menaces) a été utilisée pour structurer cette réflexion [illegible]ienter les propositions stratégiques.

Les entretiens et expertise terrain

Dans le cadre de cette recherche, des entretiens exploratoires ont été menés avec :

- Des économistes spécialisés dans le développement urbain africain

- Des membres de la diaspora congolaise engagés dans l'entrepreneuriat ou l'expertise technique

- Des diplomates et observateurs des stratégies du Golfe au sein du continent africain

Ces échanges ont permis d'enrichir les propositions par une perspective concrète, à la croisée du terrain et de la théorie.

Enfin, une démarche de prospective stratégique a été utilisée pour envisager le Congo de demain:

- Quels choix de politiques publiques ?

- Quels leviers prioritaires ?

- Quels risques à anticiper ?

- Quelles alliances à tisser ?

Des scénarios à l'horizon 2040-2050 ont été esquissés, articulant les dimensions : infrastructures, démographie, innovation, leadership et souveraineté.

Ces pages sont organisées en vingt-neuf chapitres structurés autour de domaines clés dont l'urbanisme, la gouvernance, les infrastructures, l'économie numérique, la diplomatie économique, la réforme de l'État, le développement régional, le rôle de la diaspora et un épilogue.

Chapitre 1
Histoire et transformation de Dubaï – Du désert à la mondialisation

Introduction

Ce chapitre porte sur l'histoire et les transformations de Dubaï, du désert à la mondialisation.

L'émirat de Dubaï, aujourd'hui vitrine du progrès urbain et technologique au Moyen-Orient, était encore, au début du XXe siècle, un modeste port de pêche et de commerce perlé sur les rives du Golfe Persique. L'évolution spectaculaire de cette cité-État vers un centre économique mondial illustre un processus de transformation nationale fondé sur une vision stratégique, une gouvernance centralisée mais agile, et une maîtrise planifiée de ses ressources.

Cette étude vise à établir les prérequis contextuels d'une transition réussie pour en évaluer la transposabilité à un pays comme la République Démocratique du Congo (RDC). Dans ce chapitre, il s'agira d'analyser les fondements historiques, politiques et économiques qui ont structuré la mutation de Dubaï.

1. Dubaï avant l'ère pétrolière : société traditionnelle et économie régionale

Jusqu'aux années 1950, Dubaï est un petit émirat tributaire de la pêche, de la chasse à la perle, et du commerce maritime dans le Golfe. Sa population, largement tribale, vit selon des structures patriarcales dominées par l'émirat des Al Maktoum. Le commerce caravanier avec la Perse et l'Inde fournit des ressources complémentaires, bien que modestes.

Malgré l'aridité du climat, l'absence d'eau douce et une géographie inhospitalière, Dubaï se distingue précocement par une stratégie d'ouverture commerciale, avec notamment l'abolition de droits de douane en 1901, sous le règne de Maktoum bin Hasher. Cette orientation vers le libre-échange préfigure le positionnement de Dubaï comme futur hub logistique mondial. Les lignes ci-dessous évoquent la découverte du pétrole et les débuts de la modernisation (années 1960-1970).

2 La découverte du pétrole et les débuts de la modernisation (années 1960-1970)

La découverte du pétrole en 1966 constitue un tournant décisif. Bien que les réserves de Dubaï soient moindres que celles d'Abu Dhabi, l'émirat en tire parti pour investir massivement dans les infrastructures et la planification urbaine. L'accession au pouvoir de Cheikh Rashid bin Saeed Al Maktoum marque l'ère de la modernisation.

Sous sa direction, Dubaï lance des projets visionnaires tels que le port de Jebel Ali, l'extension du Creek, l'aéroport international, et les premières routes modernes. Ces investissements structurants visent à créer un cadre logistique de niveau international, au-delà de la rente pétrolière. Que retenir de la diversification économique et montée en puissance des services (années 1980-2000) ?

3 Diversification économique et montée en puissance des services (années 1980-2000)

Dès les années 1980, anticipant l'épuisement des ressources fossiles, Dubaï oriente sa stratégie vers la diversification économique. Trois piliers émergent : les services financiers, le tourisme de luxe, et le commerce international.

L'instauration des Zones Économiques Spéciales (ZES), comme le Dubai Internet City ou le Dubai International Financial Centre, offre un cadre fiscal avantageux, une administration simplifiée et une protection juridique attractive pour les investisseurs étrangers. L'État joue un rôle d'incubateur, facilitant l'initiative privée et la rapidité d'exécution des projets. En quoi l'urbanisme a été pensé comme projet politique et diplomatique ?

4.L'urbanisme comme projet politique et diplomatique

La transformation urbaine spectaculaire de Dubaï — marquée par des projets emblématiques comme Burj Khalifa, Palm Jumeirah ou The World — ne répond pas uniquement à des objectifs économiques. Elle vise aussi à construire une image de puissance douce et de leadership dans la mondialisation arabe.

Cet urbanisme spectaculaire est couplé à une diplomatie économique active, attirant à la fois les capitaux, les talents et les événements mondiaux (forums économiques, expositions universelles, compétitions sportives). Ce qu'il faut bien voir, la gouvernance de Dubaï est un autoritarisme stratégique et stabilité institutionnelle.

5 Gouvernance : autoritarisme stratégique et stabilité institutionnelle

La réussite de Dubaï repose également sur une gouvernance centralisée, portée par une vision long-termiste, mais réactive. Le modèle de leadership hérité de la monarchie émirienne permet une stabilité institutionnelle forte, dans un contexte régional souvent instable.

L'État assume un rôle d'architecte du développement, tout en déléguant largement l'exécution aux entités semi-privées ou publiques, fonctionnant selon des logiques entrepreneuriales. Cette articulation entre centralisation stratégique et décentralisation opérationnelle constitue une innovation majeure.

Conclusion

La transformation de Dubaï est le fruit d'un enchaînement de choix stratégiques adaptés à un contexte de rareté naturelle, mais compensé par une vision, une ouverture et une capacité d'exécution remarquables. L'étude de cette trajectoire met en lumière les conditions fondamentales d'un développement accéléré dans un environnement difficile.

Les leçons tirées de ce modèle ne résident pas tant dans la reproduction mécanique des formes visibles (gratte-ciel, zones franches), que dans l'approche systémique du changement : vision, gouvernance, infrastructures, attractivité.

Chapitre 2

Vision et leadership – Le rôle de Mohammed ben Rachid Al Maktoum

Introduction

Ce chapitre a pour pierre de touche la vision et le leadership avec le rôle de Mahommed ben Rachid AI Maktoun.

En effet, l'un des facteurs déterminants du succès de Dubaï réside dans la qualité du leadership incarné par Mohammed ben Rachid Al Maktoum. À la fois émir, Premier ministre et vice-président des Émirats arabes unis, ce dirigeant a su allier autorité, vision stratégique et audace réformatrice pour faire de Dubaï un modèle de développement accéléré.

Ce chapitre propose une analyse de sa pensée politique, de sa méthode de gouvernance et de son approche du développement, dans l'objectif d'identifier les leviers transférables à la réalité congolaise. Le leadership n'est pas seulement une affaire de charisme, mais de stratégie, de rigueur et d'investissement dans le capital humain.

Les points suivants seront traités ; la biographie d'un héritier formé à la vision globale, une vision claire pour transformer un émirat en puissance globale, un leadership transformationnel : rigueur, délégation et exemplarité, . une gouvernance axée sur la centralisation stratégique et déconcentration opérationnelle, la communication est un instrument de légitimité et de mobilisation et les enseignements pour la République Démocratique du Congo.

1 Biographie succincte : un héritier formé à la vision globale

Né en 1949, Mohammed ben Rachid est formé dès sa jeunesse aux affaires militaires et diplomatiques, notamment à Sandhurst (Royaume-Uni), avant d'être associé très tôt aux affaires de l'État par son père, le Cheikh Rashid ben Saeed. Cette formation précoce, conjuguée à une exposition directe aux enjeux du développement dans les années 1960-70, forge un profil hybride : à la fois chef traditionnel et stratège moderne.

Il assume un rôle central dans la mise en place des premières grandes institutions de l'émirat, notamment la police, l'armée, puis les ministères stratégiques liés au commerce et à l'investissement. Il faut souligner une vision claire qui tient à transformer un émirat en puissance globale.

2. Une vision claire : transformer un émirat en puissance globale

La gouvernance de Mohammed ben Rachid repose sur une vision de long terme clairement énoncée, qu'il a formalisée dans divers plans stratégiques, notamment le "Dubai Strategic Plan 2015", puis le "UAE Centennial 2071". Sa stratégie repose sur quatre piliers :

- Réduction de la dépendance aux hydrocarbures ;
- Transformation digitale de l'État et de l'économie ;
- Développement d'un environnement ultra-compétitif pour les affaires ;
- Promotion de l'identité arabe et islamique dans la modernité.

Cette vision est soutenue par des slogans mobilisateurs ("Impossible is nothing", "Vision without execution is hallucination") et une communication active visant à fédérer l'ensemble des échelons de l'administration. On est en présence d'un leadership transformationnel : rigueur, délégation et exemplarité.

3 Leadership transformationnel : rigueur, délégation et exemplarité

Cheikh Mohammed se distingue par un style de leadership transformationnel. Cela se traduit par :

- La clarté des objectifs stratégiques, fixés avec des indicateurs mesurables ;

- Un management public fondé sur la performance : ministères et agences sont soumis à des audits réguliers ;
- Une délégation encadrée : il s'appuie sur des talents jeunes et technocrates, en leur confiant la gestion de projets ambitieux sous supervision ;
- L'exemplarité personnelle : il incarne une figure de discipline et de dévouement, publiant lui-même plusieurs ouvrages sur sa philosophie du leadership.

L'accent est mis sur l'efficacité et la rapidité d'exécution. Le mantra "le temps, c'est la richesse des nations" revient fréquemment dans ses discours. La gouvernance est axée sur la centralisation stratégique et déconcentration opérationnelle.

4.Gouvernance : centralisation stratégique et déconcentration opérationnelle

Le modèle mis en place par Mohammed ben Rachid repose sur une architecture de gouvernance spécifique :

- Un centre décisionnel fort, incarné par le cabinet exécutif de l'Émir ;
- Des agences semi-autonomes chargées de l'exécution : Dubai Holding, TECOM, Emirates Group ;
- Des partenariats public-privé mobilisés autour de projets-clés (Expo 2020, Emirates Airline, Dubaï Mall) ;
- Une culture de l'innovation administrative, avec la création de ministères atypiques (Ministère de la Tolérance, de l'Intelligence Artificielle).

Cette configuration permet un pilotage cohérent tout en laissant place à l'innovation managériale. Aussi, la communication est un instrument de légitimité et de mobilisation.

5.La communication comme instrument de légitimité et de mobilisation

Cheikh Mohammed maîtrise l'art de la communication politique moderne. Son discours, mêlant fierté identitaire, modernité et ambition mondiale, séduit la jeunesse, les élites économiques et les partenaires internationaux. Il publie régulièrement sur ses réseaux sociaux, utilise la mise en scène des projets d'infrastructure comme symbole de progrès, et valorise les succès collectifs.

Son image d'homme d'État visionnaire renforce la légitimité d'un système autoritaire basé sur la performance. Quels enseignements tirés pour la République Démocratique du Congo ?

6 Enseignements pour le Congo

Le cas de Mohammed ben Rachid enseigne que le développement accéléré nécessite un leadership :

- Visionnaire, capable d'inscrire le pays dans une trajectoire claire à 30 ou 50 ans ;
- Rassembleur, qui fédère les institutions, les communautés et les diasporas ;
- Pragmatique, qui allie culture locale et standards internationaux ;
- Exigeant, en instaurant une culture de performance et de résultats.

Dans le contexte congolais, marqué par l'instabilité et la fragmentation institutionnelle, cette forme de leadership peut constituer une rupture féconde, à condition d'être adaptée à l'histoire et aux réalités sociales du pays.

Conclusion

Mohammed ben Rachid incarne une figure de chef d'État moderne dans un cadre monarchique traditionnel. Son action révèle qu'un développement rapide n'est pas incompatible avec l'autorité, à condition que celle-ci soit guidée par une vision, une éthique de service public et une orientation vers les résultats.

La RDC peut tirer des enseignements précieux de ce leadership, non pour copier une figure, mais pour redéfinir les exigences de gouvernance dans une perspective de refondation nationale. Le suivant chapitre tourne autour de la gouvernance, innovation et investissement stratégique.

Chapitre 3

Gouvernance, innovation et investissement stratégique

Introduction

Ce chapitre a pour matrice la gouvernance, innovation et investissement stratégique .

La réussite du modèle de Dubaï ne repose pas uniquement sur des investissements financiers massifs ou des infrastructures spectaculaires. Elle résulte d'une combinaison subtile entre une gouvernance efficace, une capacité d'innovation institutionnelle et une politique d'investissement rigoureusement planifiée. Ces trois leviers — gouvernance, innovation, investissement — forment le noyau dur du développement durable et résilient qui caractérise l'émirat.

Ce chapitre examine comment ces éléments ont été pensés, intégrés et institutionnalisés à Dubaï, et comment ils pourraient inspirer une stratégie de reconstruction cohérente pour la République Démocratique du Congo.

J'évoque la gouvernance centrée sur l'efficacité et la performance, l'innovation et un état agile, la stratégie ciblée, planifiée et structurante d'investissement, financement et gestion des risques, la gouvernance participative entre symbolique et efficacité, les perspectives de transformation de la R.D.Congo.

1 Une gouvernance centrée sur l'efficacité et la performance

Le système politique de Dubaï est de type monarchique autoritaire, mais orienté vers les résultats. Contrairement à certains régimes autoritaires bloqués par la centralisation et l'opacité, la gouvernance à Dubaï repose sur des principes modernes de gestion publique efficace :

- Clarté des objectifs nationaux, déclinés en plans quinquennaux ;
- Indicateurs de performance sectoriels, suivis à tous les niveaux administratifs ;
- Culture de l'évaluation, incluant des audits, classements internes, et concours d'excellence entre institutions ;
- Sanctions et récompenses, avec des promotions fondées sur le mérite et des changements rapides en cas de dysfonctionnement.

La centralisation stratégique coexiste ainsi avec une déconcentration opérationnelle, qui confère une large autonomie aux agences et aux entreprises publiques. Les lignes ci-dessous parle de l'innovation ; un Etat agile.

2.Innovation institutionnelle : un État agile

Dubaï a mis en place un modèle d'innovation publique sans précédent dans la région. Cela comprend :

- La création de structures administratives souples, comme le "Dubai Future Foundation", un laboratoire de prospective technologique ;
- La nomination de ministres non traditionnels : en charge de la jeunesse, de la tolérance, du bonheur, de l'intelligence artificielle ;
- L'introduction de la digitalisation complète des services publics, via des plateformes unifiées comme Dubai Now ;
- L'adoption d'un cadre réglementaire dynamique, qui évolue en fonction des mutations technologiques et commerciales (ex. : régulation du commerce virtuel, cryptoactifs, drones).

Cette capacité à adapter en permanence l'action publique au changement constitue un facteur différenciant essentiel. Il convient de rappeler la stratégie ciblée, planifiée et structurante d'investissement.

3. La stratégie d'investissement : ciblée, planifiée, structurante

Contrairement à l'idée selon laquelle Dubaï aurait été construit sur une logique spéculative, ses investissements sont le fruit d'une stratégie délibérément structurante. On peut en identifier trois types :

a) Investissements d'infrastructure

Les premiers investissements dans les ports (Jebel Ali), les aéroports, les routes et les réseaux logistiques ont permis d'intégrer le territoire et de le positionner comme plateforme régionale.

b) Investissements dans les secteurs catalyseurs

Dubaï a orienté ses ressources vers des secteurs à fort rendement indirect : tourisme, finance, commerce, logistique, immobilier de prestige. Ces secteurs ont des effets d'entraînement sur l'ensemble de l'économie.

c) Investissements dans le capital humain

La création de zones éducatives comme Dubai Knowledge Village, l'accueil de campus internationaux, les concours de leadership (Mohammed Bin Rashid School of Government) illustrent une vision à long terme de l'investissement dans le savoir. Que dire du financement et de la gestion des risques ?

4 Financement et gestion des risques

L'une des forces du modèle de Dubaï est la maîtrise du financement. L'émirat utilise :

- Des véhicules d'investissement publics (ex. : Dubai World, Dubai Holding) opérant selon les logiques du secteur privé ;
- Une gestion active de la dette publique, avec un recours modéré mais contrôlé à l'endettement international ;
- Le développement de marchés de capitaux locaux (Dubai Financial Market) pour drainer l'épargne nationale et régionale ;
- Une transparence partielle mais fonctionnelle vis-à-vis des partenaires financiers.

Cette gestion prudente permet de limiter les effets de bulle, malgré la croissance rapide. L'accent est mis sur la gouvernance participative entre symbolique et efficacité.

5 Gouvernance participative : entre symbolique et efficacité

Bien que le système politique ne soit pas démocratique au sens occidental, Dubaï a su intégrer certains mécanismes participatifs :

- Consultations publiques digitales avant l'adoption de certaines réformes ;
- Encouragement de l'entrepreneuriat citoyen, avec des incubateurs soutenus par l'État ;
- Accès direct aux dirigeants via les réseaux sociaux, créant un lien symbolique mais réel avec la population.

Ce modèle de "légitimité par la performance" — et non par le suffrage — est un aspect à analyser avec nuance dans toute tentative de transposition. Quelles seraient les perspectives de transformation de la R.D.Congo ?

6.Perspectives de transposition au Congo

Les enseignements de Dubaï pour la RDC sont multiples :

- La mise en place d'un cadre de gouvernance rigoureux, centré sur des objectifs nationaux clairs, mesurables et suivis ;
- Le développement d'une capacité d'innovation publique, via des agences spécialisées ou des ministères pilotes ;
- La construction d'un cadre d'investissement cohérent, évitant la dispersion et maximisant les externalités positives ;
- L'ancrage du développement dans l'investissement en capital humain, condition essentielle à toute stratégie durable.

La réussite dépendra de la capacité de l'État congolais à restaurer la confiance institutionnelle, à planifier dans la durée, et à mettre en place une gouvernance orientée vers les résultats.

Conclusion

Gouvernance efficace, innovation permanente et investissement stratégique sont les fondements silencieux mais décisifs de la réussite de Dubaï. Pour la République Démocratique du Congo, ces leviers peuvent constituer des piliers d'un renouveau, à condition de les inscrire dans un projet national adapté, inclusif et progressif. Tout bien considéré, les infrastructures, la logistique, les finances et le tourisme sont les piliers du succès comme je le montre au chapitre suivant.

Chapitre 4

Les piliers du succès – Infrastructures, logistique, finance et tourisme

Introduction

Ce chapitre a pour objet les infrastructures, la logistique, les finances et le tourisme sont les piliers du succès comme je le montre au chapitre suivant.

La dynamique de transformation de Dubaï repose sur une architecture économique articulée autour de quatre piliers complémentaires : les infrastructures de qualité mondiale, les plateformes logistiques régionales, les services financiers sophistiqués, et un tourisme globalisé et diversifié. Ces secteurs, choisis avec stratégie, ont fonctionné comme moteurs de croissance et catalyseurs de modernisation.

Ce chapitre analyse les mécanismes qui ont permis à ces piliers de se consolider, en interrelation étroite, et examine leur pertinence dans une stratégie de reconstruction pour la République Démocratique du Congo.

1.Infrastructures : colonne vertébrale du développement

Dès les années 1970, Dubaï fait le pari d'un investissement massif dans les infrastructures physiques. Ce pari, loin d'être un luxe, a été conçu comme une condition préalable à toute attractivité économique.

- Port de Jebel Ali : le plus grand port artificiel du monde, connecté aux principales lignes maritimes internationales, doté de zones franches intégrées (JAFZA).
- Réseaux routiers et ferroviaires modernes, facilitant les échanges internes et la mobilité urbaine.

- Aéroport international de Dubaï (DXB) : désormais un hub aérien mondial, surpassant Londres et Francfort en nombre de passagers internationaux.
- Infrastructures énergétiques : production et distribution centralisées, gestion intelligente de la consommation, investissements dans les énergies renouvelables (ex. : parc solaire Mohammed bin Rashid Al Maktoum).

Ces infrastructures ne sont pas isolées, mais intégrées dans un modèle de développement territorial planifié, orienté vers la fluidité logistique et la connectivité mondiale. La logistique a fait de Dubaï un hub commercial et digital comme je l'évoque au point suivant.

2.Logistique : Dubaï, hub commercial et digital

Le positionnement géographique de Dubaï, au carrefour de l'Asie, de l'Afrique et de l'Europe, a été optimisé par une politique volontariste :

- Zones franches spécialisées (Dubai Logistics City, Dubai Airport Free Zone, Dubai Maritime City) offrant des avantages fiscaux et réglementaires ;
- E-services douaniers et guichets uniques, facilitant l'import-export et réduisant drastiquement les délais ;
- Interconnexion des plateformes logistiques, permettant une gestion fluide des flux de marchandises (maritimes, aériens, terrestres).

La logistique ne se limite plus au transport physique : Dubaï devient un hub digital grâce à l'intégration des technologies de gestion logistique, de l'IA et de la blockchain dans les chaînes d'approvisionnement. Les finances ont favorisé l »émergence d'un centre régional mondial.

3.Finance : émergence d'un centre régional et mondial

L'un des grands succès de Dubaï est d'avoir établi un secteur financier sophistiqué, avec pour centre névralgique le Dubai International Financial Centre (DIFC). Ce district financier bénéficie :

- D'un système juridique autonome basé sur le droit anglais ;
- D'une autorité de régulation indépendante (DFSA) assurant la conformité internationale ;
- D'un écosystème bancaire complet, incluant banques d'investissement, assurances, fintech, cabinets de conseil et fonds d'investissement.

Le développement de la finance islamique (Sukuk, Takaful) et l'ouverture vers les monnaies numériques confèrent à Dubaï une place stratégique dans la finance globale.

Pour la RDC, ce modèle montre qu'une plateforme financière spécialisée, à fiscalité et juridiction adaptées, peut attirer capitaux et expertise, même dans un environnement à risque. Le tourisme diversifié a permis l'émergence d'une vitrine globale.

4. Tourisme : diversification et vitrine globale

Dubaï a développé une offre touristique plurielle, allant du luxe extrême au tourisme familial, en passant par les congrès et le tourisme médical. Sa stratégie repose sur :

- Des infrastructures hôtelières spectaculaires (Burj Al Arab, Atlantis, etc.) ;
- Une politique de grands événements : Exposition universelle, Dubaï Shopping Festival, salons professionnels (GITEX, Arab Health) ;
- Une offre culturelle et de loisirs variée, incluant musées, parcs à thème, galeries d'art, gastronomie mondiale ;
- Une stratégie de communication offensive, positionnant Dubaï comme une destination incontournable au sein de la mondialisation touristique.

Le tourisme est aussi un levier d'emploi, notamment pour les jeunes, et un outil diplomatique discret mais puissant. Une synergie des piliers a permis un écosystème intégré.

5. Synergie des piliers : vers un écosystème intégré

Ces quatre piliers ne fonctionnent pas de manière isolée. Ils sont intégrés dans une logique d'écosystème, où chaque secteur alimente et soutient les autres :

- Les infrastructures facilitent la logistique ;
- La logistique alimente le commerce et la finance ;
- La finance soutient les investissements dans le tourisme ;
- Le tourisme stimule la demande de services, d'infrastructures et de connectivité.

Dubaï a réussi à créer une économie de densité et de complémentarité, dont la cohérence est assurée par la vision stratégique centrale. Quels enseignements tirés pour la R.D.Congo ?

6. Enseignements pour la République Démocratique du Congo

Pour la RDC, ces piliers offrent des pistes concrètes :

- Infrastructures : lancer un programme structurant d'aménagement (ports, routes, énergie, télécoms) avec des financements mixtes.
- Logistique : développer des corridors économiques régionaux (vers Angola, Zambie, Rwanda) avec zones franches intégrées.
- Finance : établir un centre financier régional à Kinshasa ou Lubumbashi, avec juridiction spéciale, pour canaliser les flux miniers, agricoles et numériques.
- Tourisme : valoriser les atouts naturels (Parc des Virunga, fleuve Congo, chutes Wagenia), en sécurisant les sites et en créant des pôles hôteliers.

Cela exige une coordination multisectorielle, une gouvernance adaptée et un partenariat actif avec le secteur privé.

Conclusion

L'analyse des piliers du succès de Dubaï révèle une stratégie fondée sur l'efficacité structurelle, la synergie sectorielle et l'ambition globale. Si la RDC adapte ces logiques à son contexte, en les inscrivant dans une vision nationale cohérente, elle pourra transformer ses potentiels dispersés en moteurs puissants de reconstruction. Que retenir des héritages coloniaux et des crises postindépendances ?

Chapitre 5

Héritages coloniaux et crises postindépendances

Introduction

Ces pages évoquent les héritages coloniaux et des crises postindépendances .

Comprendre les obstacles structurels au développement de la République Démocratique du Congo (RDC) impose un retour sur les séquences historiques qui ont façonné l'État congolais. De l'exploitation coloniale à la décolonisation précipitée, en passant par les décennies de crise politique, cette trajectoire singulière a produit un État faible, une société fragmentée et une économie extravertie, dysfonctionnelle dans sa structure.

Ce chapitre propose une analyse historique et systémique des héritages qui conditionnent aujourd'hui la reconstruction du Congo, dans une perspective de rupture avec les cycles de crise.

J'évoque un état colonial fondé sur l'extraction et non sur le développement, une indépendance précipitée : mythe de la souveraineté sans fondation institutionnelle, la centralisation autoritaire et personnalisation du pouvoir pendant l'époque de Mobutu, les guerres du Congo (1996–2003) : implosion géopolitique, la République Démocratique du Congo est un état post-conflit sous tutelle partielle et les conséquences structurelles de ces héritages .

1 L'État colonial : fondé sur l'extraction, non sur le développement

Le Congo fut colonisé tardivement, mais brutalement. L'État Indépendant du Congo (1885–1908), propriété privée du roi Léopold II, repose sur une logique d'extraction violente (caoutchouc, ivoire) sans construction d'infrastructures nationales ni capital humain. La colonisation belge (1908–1960) perpétue ce modèle, tout en y apportant une certaine rationalité administrative.

Caractéristiques fondamentales de l'État colonial :

- Centralisation extrême, depuis Bruxelles jusqu'aux postes d'administration locale ;
- Absence de citoyenneté indigène et exclusion politique systématique ;
- Infrastructure pensée pour l'exportation, non pour l'intégration territoriale ;
- Main-d'œuvre exploitée sans formation, créant une société duale et hiérarchisée.

L'État n'est pas conçu comme un outil de service public ou de cohésion nationale, mais comme instrument de contrôle et de pillage. La République Démocratique du Congo a connu une indépendance précipitée : mythe de la souveraineté sans fondation institutionnelle.

2. Une indépendance précipitée : mythe de la souveraineté sans fondation institutionnelle

L'indépendance du 30 juin 1960 survient sans que les structures institutionnelles aient été préparées à l'autonomie. À peine 16 Congolais diplômés d'université en 1960. Aucune élite administrative expérimentée. Résultat : une prise de pouvoir immédiate par des élites politiques peu formées, dans un climat de tension interethnique et de fragmentation territoriale.

Conséquences immédiates :

- Crise de légitimité de l'État postcolonial, symbolisée par le conflit Lumumba–Mobutu–Tshombe ;
- Sécessions régionales (Katanga, Sud-Kasaï) remettant en cause l'unité nationale ;
- Interventionnisme étranger, notamment belge et onusien, dès les premières semaines d'indépendance.

Cette genèse chaotique imprime durablement les logiques de méfiance institutionnelle et d'instabilité politique. Il faut souligner la centralisation autoritaire et personnalisation du pouvoir pendant l'époque de Mobutu.

3 L'ère Mobutu : centralisation autoritaire et personnalisation du pouvoir

De 1965 à 1997, le régime du maréchal Mobutu Sese Seko repose sur un système de pouvoir hypercentralisé, marqué par le parti unique (MPR), le culte de la personnalité, et une administration fortement militarisée.

Points clés :

- Nationalisme rhétorique, sans transformation structurelle de l'économie ni industrialisation ;
- Réseaux clientélistes : l'État devient une source de redistribution à caractère personnel, et non un service ;
- Désinstitutionalisation progressive : effondrement de l'éducation, de la santé, de la justice ;
- Zairianisation : politique d'appropriation économique non accompagnée de compétences ou d'encadrement.

Le résultat est un État-providence fictif, suradministré mais inopérant, basé sur l'allégeance personnelle et la rente. Les guerres du Congo (1996–2003) : implosion géopolitique méritent d'être analysées.

4 Les guerres du Congo (1996–2003) : implosion géopolitique

À la chute de Mobutu, le Congo entre dans une phase de guerre régionale, impliquant jusqu'à neuf pays africains, des milices ethniques, et des entreprises transnationales. Le territoire devient un espace de conflits miniers, identitaires et géopolitiques, avec un effondrement total de l'État.

Conséquences majeures :

- Effondrement des services publics et des institutions civiles ;

- Militarisation des économies locales, avec pillage des ressources (coltan, or, bois, diamant) ;
- Déplacement massif des populations (plus de 5 millions de morts, directs et indirects) ;
- Fragilisation de l'unité nationale.

Cette séquence historique a fait entrer la RDC dans une ère de fragmentation fonctionnelle, où plusieurs "États de fait" coexistent sans État de droit. Ce qu'il faut bien voir, c'est que la République Démocratique du Congo est un état post-conflit sous tutelle partielle.

5 Un État post-conflit sous tutelle partielle

Les Accords de Sun City (2002–2003) puis les élections de 2006 marquent un retour formel à l'ordre constitutionnel. Toutefois, la RDC reste dans une configuration de post-conflit prolongé :

- Présence persistante de groupes armés, notamment à l'Est ;
- Faiblesse des institutions, souvent instrumentalisées par des intérêts locaux ou étrangers ;
- Dépendance financière extérieure, avec une gouvernance dictée en partie par les bailleurs internationaux ;
- État en situation de cohabitation permanente avec des forces non étatiques (Églises, ONG, multinationales, diaspora).

Le pouvoir reste concentré mais peu effectif. Le concept de "faible souveraineté opérationnelle" s'applique à de nombreux domaines clés (fiscalité, défense, ressources naturelles). Quelles sont les conséquences structurelles de ces héritages ?

6.Conséquences structurelles de ces héritages

La combinaison des héritages coloniaux, des crises postindépendances et des guerres a produit :

- Un territoire non intégré, avec des régions vivant dans des temporalités différentes ;

- Un système éducatif sinistré, incapable de former les élites nécessaires au développement ;
- Une économie extractive sans transformation locale ;
- Une société désinstitutionnalisée, où l'État n'est ni attendu, ni respecté, ni désiré.

Cela impose, pour toute stratégie inspirée du modèle Dubaï, un travail préalable de refondation nationale, en particulier dans les domaines de la confiance publique, de l'unité territoriale et de la légitimité politique.

Conclusion

L'histoire politique et institutionnelle du Congo ne peut être ignorée dans l'élaboration d'un projet de reconstruction. Le passé n'est pas un destin, mais un cadre de contraintes à comprendre pour mieux le dépasser. La comparaison avec Dubaï n'a de sens que si elle prend en compte la nécessité, pour la RDC, de reconstruire non seulement des infrastructures, mais d'abord une idée d'État capable de porter une vision inclusive et transformationnelle. Que retenir de la gouvernance, de l'insécurité et de l'instabilité institutionnelle en R.D.Congo ?

Chapitre 6
Gouvernance, insécurité et instabilité institutionnelle

Introduction

Ce chapitre se centre sur la gouvernance, de l'insécurité et de l'instabilité institutionnelle en R.D.Congo.

Au lendemain de la transition démocratique enclenchée au début des années 2000, la République Démocratique du Congo demeure confrontée à un ensemble de dysfonctionnements systémiques. L'État congolais est structurellement affaibli par une gouvernance fragmentée, une insécurité chronique et une instabilité institutionnelle récurrente.

Ce chapitre propose une analyse critique de ces trois dimensions, en mettant en lumière leurs effets conjugués sur la capacité du Congo à conduire une transformation à grande échelle, comme celle inspirée du modèle Dubaï.

J'évoque d'une gouvernance congolais marquée par la fragmentation, le clientélisme et l'inefficacité, l'insécurité persistante au Congo entraîne une crise multidimensionnelle, l'instabilité institutionnelle : réforme inachevée et culture de crise, l'impact sur le développement, une refondation politique et institutionnelle en R.D.Congo.

1 Gouvernance : fragmentation, clientélisme et inefficacité

Malgré l'existence formelle d'un État unitaire doté d'institutions démocratiques, la gouvernance en RDC est marquée par une fragmentation verticale et horizontale.

a) Fragmentation verticale

- L'autorité centrale ne dispose que d'un contrôle limité sur les provinces, où les gouverneurs agissent souvent comme des chefs de clans politico-financiers ;

- Les politiques publiques souffrent d'un effet de dédoublement, entre textes adoptés au sommet et absence d'exécution sur le terrain ;
- Les administrations déconcentrées manquent de moyens, de formation, et de supervision.

b) Fragmentation horizontale

- Conflits de compétence récurrents entre les trois pouvoirs (exécutif, législatif, judiciaire) et au sein même de l'exécutif ;
- Multiplication d'agences, de structures parallèles sans coordination, souvent financées par les bailleurs internationaux ;
- Influence prépondérante des réseaux clientélistes, qui captent les nominations, les ressources, et les marchés publics.

En somme, l'État congolais souffre d'un déficit d'autorité, de coordination et de transparence, entravant toute stratégie de réforme ambitieuse. L'insécurité persistante au Congo entraîne une crise multidimensionnelle,

2 L'insécurité persistante : une crise multidimensionnelle

L'insécurité en RDC n'est pas uniquement un problème de sécurité physique. Elle englobe des dimensions politiques, sociales, économiques et géopolitiques.

a) Conflits armés à l'Est

- Présence active de groupes armés nationaux et étrangers : M23, ADF, CODECO, Maï-Maï, etc. ;
- Complicité ou passivité de certaines forces régulières ;
- Implication directe ou indirecte de puissances étrangères et d'intérêts transnationaux (accès aux ressources minières stratégiques) ;
- Déplacement massif des populations civiles et effondrement du tissu socioéconomique local.

b) Criminalité urbaine et insécurité économique

- Villes confrontées à des formes de banditisme organisé, sans encadrement policier adéquat ;
- Précarité économique exacerbée par l'inflation, le chômage et l'économie informelle ;
- Sentiment d'insécurité généralisée, nourrissant la méfiance vis-à-vis des institutions.

c) Insécurité juridique

- Absence d'État de droit : faible indépendance de la justice, corruption judiciaire, impunité ;
- Difficulté à faire respecter les contrats, à protéger la propriété privée, et à appliquer les décisions administratives.

Cette insécurité globale compromet les conditions mêmes d'un climat d'investissement, de confiance citoyenne et de planification à long terme. L'instabilité institutionnelle : réforme inachevée et culture de crise fait l'objet du point suivant.

3 Instabilité institutionnelle : réforme inachevée et culture de crise

Les institutions congolaises, bien que démocratiquement établies, restent structurellement fragiles.

a) Réformes structurelles inabouties

- La décentralisation, bien que constitutionnellement consacrée, reste incomplète dans son financement, son organisation et sa clarté ;
- Le fonctionnement parlementaire est miné par l'absentéisme, les alliances opportunistes et les crises de légitimité ;
- Le système judiciaire est politisé, sous-financé, et souvent paralysé.

b) Instabilité politique chronique

- Changements fréquents de Premier ministre, de gouvernements, de majorités parlementaires ;
- Crises électorales régulières, dont les contentieux restent sans règlement consensuel durable ;
- Utilisation des institutions (Cour constitutionnelle, CENI, services de sécurité) comme instruments de contrôle politique, non de régulation démocratique.

c) Crise de représentativité

- Faible participation électorale ;
- Déconnexion entre les élus et les réalités locales ;
- Absence d'une vision nationale partagée, remplacée par une gouvernance de court terme.

L'instabilité institutionnelle rend difficile la continuité des politiques publiques et l'application d'un plan de développement structurant.

4 Impacts sur le développement

Les conséquences de cette triple pathologie — mauvaise gouvernance, insécurité et instabilité — sont profondes :

- Perte de légitimité de l'État, perçu comme incapable d'assurer ses fonctions régaliennes ;
- Fuite des cerveaux, notamment parmi les jeunes et les cadres techniques ;
- Déficit de planification, car les réformes sont souvent suspendues ou abandonnées à mi-parcours ;
- Découragement des investisseurs, qui perçoivent la RDC comme un environnement à haut risque non maîtrisé.

Il faut impérativement une refondation politique et institutionnelle en R.D.Congo.

5 Vers une refondation politique et institutionnelle

Une stratégie de transformation à la Dubaï suppose :

- Une réforme profonde des institutions, alliant stabilité, efficacité et représentativité ;
- La restauration de l'autorité publique, dans une logique de service plutôt que de contrôle ;
- La construction d'un pacte de sécurité national, fondé sur la démilitarisation des conflits, la professionnalisation des forces et la réconciliation territoriale ;
- Une vision politique de long terme, portée par un leadership inclusif et déterminé.

Cela implique une rupture avec la logique de la gestion de crise, pour entrer dans une ère de construction institutionnelle volontariste.

Conclusion

La RDC ne pourra s'inspirer du modèle Dubaï qu'en affrontant lucidement ses propres failles structurelles. La modernisation économique ne peut précéder la reconstruction de la légitimité de l'État. Ce n'est qu'à cette condition que les investissements, les infrastructures, et l'innovation auront un sens durable. Ainsi, le chapitre suivant parle des infrastructures, des services publics et de l'économie informelle en RDC

Chapitre 7

Infrastructures, services publics et économie informelle en République Démocratique du Congo

Introduction

Ce chapitre porte sur les infrastructures, les services publics et l'économie informelle en RDC

L'un des paradoxes du Congo contemporain réside dans la coexistence d'une richesse naturelle exceptionnelle avec un déficit criant d'infrastructures et de services publics. Dans ce vide structurel, une économie informelle tentaculaire s'est imposée comme principale modalité de survie, révélant à la fois la résilience des populations et la défaillance chronique de l'État.

Ce chapitre dresse un état des lieux sectoriel, en soulignant les défaillances critiques qui freinent toute stratégie de transformation ambitieuse, mais aussi les opportunités latentes que pourrait mobiliser une gouvernance visionnaire.

1Infrastructures : un retard structurel dramatique

- Je parle des réseaux de transport, des infrastructures énergétiques et l'accès à l'eau et à l'assainissement.

a) Réseaux de transport

- Routes : à peine 3 % du réseau routier national est asphalté ; l'interconnexion entre les provinces est quasi inexistante, rendant la circulation de biens et de personnes difficile et coûteuse.
- Voies ferrées : réseau vétuste, hérité de l'époque coloniale, avec peu d'entretien et des vitesses moyennes inférieures à 30 km/h.

- Transport fluvial : potentiellement stratégique (fleuve Congo, Lualaba, Kasai), mais en grande partie abandonné ou non modernisé.
- Aéroports : mal équipés, souvent inadaptés au trafic commercial régional ou international, hormis ceux de Kinshasa et Lubumbashi.

Que dire des infrastructures énergétiques ?

b) Infrastructures énergétiques

- Le potentiel hydroélectrique de la RDC est l'un des plus élevés au monde, mais moins de 20 % de la population a accès à l'électricité.
- La centrale d'Inga, pourtant stratégique, fonctionne en-deçà de ses capacités.
- Absence de réseau national intégré : les provinces dépendent de sources locales intermittentes (groupes électrogènes, solaire, etc.). Le point suivant porte sur de l'accès à l'eau et à l'assainissement ?

c) Accès à l'eau et à l'assainissement

- Moins d'un Congolais sur deux a accès à de l'eau potable ;
- Les zones rurales sont largement dépourvues de systèmes de distribution ou de stations de traitement ;
- Faible couverture en toilettes hygiéniques, accentuant les risques sanitaires.

Les lignes ci-dessous parle des services publics en terme de déclin, informalité et privatisation de fait.

2 Services publics : déclin, informalité et privatisation de fait

Il s'agit de l'éducation, de la santé, de l'administration publique,

a) Éducation

- Faible taux de scolarisation au secondaire (moins de 40 %) ;

- Manque criant d'infrastructures scolaires : classes pléthoriques, bâtiments délabrés, pénurie de bancs, de manuels, d'enseignants qualifiés ;
- Système dual : écoles publiques sous-financées et écoles confessionnelles ou privées qui assurent l'essentiel de l'offre éducative.

Que dire de la santé ?

b) Santé

- Moins de 1 médecin pour 10 000 habitants en moyenne ;
- Centres de santé sous-équipés, absence de médicaments essentiels, forte mortalité maternelle et infantile ;
- Système largement "privatisé" de fait, via les ONG, les églises, et les cliniques privées.

L'administration publique a aussi des problèmes spécifiques.

c) Administration publique

- Fonction publique pléthorique mais inefficace, minée par la corruption, le non-paiement des salaires et l'absence de formation continue ;
- Multiplication des structures sans mission claire, conduisant à un désordre bureaucratique paralysant ;
- Faible culture du service à l'usager, avec une prédominance des logiques de rente.

L'économie informelle se retrouve entre résilience et piège structurel.

3 L'économie informelle : entre résilience et piège structurel

Il est question du poids économique, du rôle social et des limites structurelles.

a) Poids économique

- L'économie informelle représente près de 85 % de l'activité économique réelle ;

- Présence dominante dans le commerce (marchés, petits magasins), le transport (motos, taxis), l'artisanat et l'agriculture vivrière ;
- Absence de régulation, de fiscalité, de couverture sociale et de statistiques fiables.

Que retenir du rôle social ?

b) Rôle social

- Filet de sécurité indispensable pour des millions de Congolais ;
- Système d'entraide communautaire (mutuelles, tontines, solidarité religieuse) assurant une forme de redistribution de fait ;
- Souplesse et réactivité face à l'instabilité politique et économique.

Quelles sont les limites structurelles à signaler ?

c) Limites structurelles

- Faible productivité ;
- Difficulté d'accès au crédit, à la formation et aux marchés formels ;
- Marginalisation des travailleurs et absence de protection sociale ;
- Évasion fiscale massive et perte de revenus pour l'État.

Il convient de signaler la déconnexion entre politiques publiques et réalités socioéconomiques.

4 Déconnexion entre politiques publiques et réalités socioéconomiques

La plupart des politiques publiques en RDC sont formulées sans données fiables ni diagnostic de terrain. Résultat :

- Des plans de développement désincarnés, inapplicables localement ;

- Une centralisation technocratique à Kinshasa, ignorante des réalités des provinces ;
- Une coexistence de normes formelles et d'arrangements informels, créant un flou juridique permanent.

Cette déconnexion alimente la méfiance entre l'État et les citoyens, et rend difficile la mobilisation collective autour d'un projet national. Il convient de penser à présent aux perspectives de transformation au point suivant.

5 Quelles perspectives de transformation ?

Malgré ce tableau préoccupant, plusieurs points d'appui existent :

- Le potentiel hydrologique, agricole et énergétique reste considérable ;
- Une jeunesse nombreuse, créative et connectée, déjà active dans le numérique, le design, les startups urbaines ;
- Une diaspora nombreuse et compétente, désireuse de contribuer au développement si les conditions de confiance sont réunies ;
- Des villes en pleine croissance, notamment à l'Ouest (Kinshasa, Matadi), qui pourraient devenir des laboratoires de modernisation.

Toute stratégie à la Dubaï nécessitera donc une cartographie précise des besoins réels, une priorisation claire des investissements, et une gouvernance territorialisée.

Conclusion

L'état des infrastructures, des services publics et de l'économie informelle en RDC révèle une fragmentation profonde du système national. Le pays fonctionne sur des bases improvisées, non planifiées, avec une économie de survie compensant la faillite de l'État. Pour aller vers un modèle inspiré de Dubaï, il faut d'abord reconstruire les fondations matérielles et sociales du pays, avec méthode, priorité et vision. Quels sont les enjeux, les limites et les opportunités pour adapter le modèle Dubaï dans le contexte congolais ?

Chapitre 8

Adapter le modèle Dubaï au contexte congolais – enjeux, limites et opportunités

Introduction

Ce chapitre est une investigation sur les enjeux, les limites et les opportunités pour adapter le modèle Dubaï dans le contexte congolais.

Transposer un modèle de développement d'un contexte culturel, politique et géographique à un autre est un exercice complexe. Il ne s'agit pas d'imitation mécanique, mais d'adaptation stratégique. Ce chapitre examine les conditions de transférabilité du modèle Dubaï vers la République Démocratique du Congo, en identifiant à la fois les contraintes structurelles et les opportunités spécifiques congolaises.

L'objectif est de bâtir un cadre d'analyse rigoureux pour concevoir une stratégie réaliste de reconstruction nationale, inspirée par l'efficacité et l'ambition du cas émirati, mais ancrée dans les réalités congolaises. J'évoque Dubaï comme un modèle à fort potentiel d'inspiration, les limites d'une transposition directe : les écarts de contexte, les opportunités congolaises qui seraient des leviers endogènes de transformation, les conditions de réussite consiste à penser un modèle congolais inspiré et non copié, les conditions de réussite consiste à penser un modèle congolais inspiré et non copié,

1 Pourquoi Dubaï ? Un modèle à fort potentiel d'inspiration

Le choix du modèle Dubaï repose sur plusieurs caractéristiques distinctives :

- Il démontre qu'un État postcolonial sans ressources pétrolières majeures peut se réinventer par la vision, l'investissement et l'innovation ;

- Il prouve qu'un territoire initialement peu peuplé et géopolitiquement marginal peut devenir un hub mondial ;
- Il illustre la capacité à passer de l'extraction à la création de valeur, à travers la logistique, la finance, le tourisme et le savoir ;
- Il met en lumière l'importance d'un leadership structuré, d'un État performant, et d'un pilotage stratégique du développement.

Pour la RDC, qui cherche à sortir du piège de l'extraversion minière et de la dépendance structurelle, Dubaï représente une boussole stratégique alternative. Quelles sont les limites d'une transposition directe : les écarts de contexte ?

2. Limites d'une transposition directe : les écarts de contexte

Une transposition aveugle du modèle Dubaï au Congo serait vouée à l'échec. Plusieurs écarts majeurs de contexte doivent être pris en compte :

- Nature du régime politique : Dubaï repose sur une monarchie autoritaire stable, tandis que la RDC est une république instable à légitimité fragmentée ;
- Taille et géographie : Dubaï est une ville-État compacte ; la RDC est vaste, enclavée dans certaines régions, avec des défis logistiques considérables ;
- Niveau d'urbanisation : Dubaï a investi dans une ville unique ; la RDC doit penser un développement polycentrique (Kinshasa, Lubumbashi, Goma, etc.) ;
- Ressources humaines : Dubaï a importé massivement des compétences ; la RDC dispose d'une jeunesse abondante mais sous-éduquée ;
- Sécurité et gouvernance : Dubaï bénéficie d'un environnement pacifié ; la RDC fait face à une conflictualité persistante à l'Est.

Ces écarts ne doivent pas être vus comme des obstacles absolus, mais comme des variables d'ajustement pour repenser un modèle propre.

Quelles sont les opportunités congolaises qui seraient des leviers endogènes de transformation ?

3 Opportunités congolaises : leviers endogènes de transformation

Malgré ses défis, la RDC dispose de ressources uniques qui peuvent servir de fondement à un modèle inspiré de Dubaï : position géographique centrale, ressources naturelles abondantes, population jeune et dynamique, capital symbolique.

a) Position géographique centrale

- Potentiel de devenir un hub logistique pour l'Afrique centrale et australe ;
- Possibilité de connecter les corridors Est-Ouest et Nord-Sud via des infrastructures régionales.

b) Ressources naturelles abondantes

- Matières premières stratégiques (cobalt, lithium, cuivre, coltan) essentielles à l'économie numérique mondiale ;
- Potentiel énergétique immense (Inga, solaire, biomasse).

c) Population jeune et dynamique

- Plus de 60 % de la population a moins de 25 ans : réservoir de créativité, d'énergie et d'entrepreneuriat, notamment informel ;
- Diaspora mobilisable, avec des compétences et des capitaux.

d) Capital symbolique

- Le Congo suscite une sympathie historique dans les imaginaires panafricains et internationaux, qui peut être transformée en soutien diplomatique et moral.

Il me semble que les conditions de réussite consiste à penser un modèle congolais inspiré et non copié.

4 Conditions de réussite : penser un modèle congolais inspiré, non copié

La démarche consiste à intégrer l'esprit du modèle Dubaï, sans le recopier. Cela suppose :

- Un leadership visionnaire, stable et stratégique, capable de penser à 30 ans, au-delà des cycles électoraux ;
- Une priorisation sectorielle intelligente, autour de quelques pôles d'excellence : énergies, logistique, agriculture intelligente, numérique, finance verte ;
- Une gouvernance de projet, avec des agences publiques performantes, autonomes mais redevables ;
- Une attractivité économique ciblée, via des zones spéciales, des incitations fiscales, des partenariats publics-privés crédibles ;
- Une vision territorialisée, adaptée à la diversité des provinces, à l'histoire des régions et à leur potentiel propre.

Ce "modèle congolais inspiré de Dubaï" ne peut être qu'un processus progressif, évolutif, et enraciné dans la réalité sociale. L'innovation stratégique consiste à reconstruire en pensant globalement. Tel est l'objet du point suivant.

5. L'innovation stratégique : reconstruire en pensant globalement

L'esprit du modèle Dubaï repose aussi sur la capacité à :

- Penser l'avenir au présent : anticiper les mutations mondiales (climat, numérique, migrations, nouvelles routes commerciales) ;
- Investir dans des secteurs d'avenir et porteurs de transformation, même dans un environnement apparemment non favorable ;
- Construire une marque nationale, un "branding Congo", qui inspire confiance, modernité et ambition ;

- Valoriser les réussites locales (ex. : startups congolaises, initiatives communautaires, agriculture urbaine) comme noyaux de transformation systémique.

La RDC peut inventer son propre modèle disruptif, à la croisée de la tradition et de la modernité, du local et du global.

Conclusion

L'inspiration venue de Dubaï ne doit pas être réduite à un rêve architectural ou à un mirage technologique. Elle offre des enseignements pratiques sur le rôle du leadership, de la vision, des infrastructures, de l'innovation et de la confiance dans le progrès. Le Congo a les ressources nécessaires pour créer son propre chemin de transformation, à condition d'en faire un projet politique structurant, porté par des institutions solides et une société mobilisée. Quels sont les éventuels piliers d'un modèle congolais inspiré de Dubaï ?

Chapitre 9
Les piliers d'un modèle congolais inspiré de Dubaï

Introduction

Ce chapitre est investigation sur les piliers d'un modèle congolais inspiré de Dubaï .

Après avoir diagnostiqué les blocages structurels de la RDC et analysé le modèle Dubaï, ce chapitre vise à proposer une architecture stratégique adaptée au contexte congolais. Il ne s'agit pas de répliquer les instruments émiratis à l'identique, mais d'identifier les leviers prioritaires à activer pour engager la reconstruction du Congo.

Nous définirons ici cinq piliers d'un modèle congolais réaliste, innovant et cohérent, en nous appuyant sur une lecture croisée des réussites de Dubaï et des besoins concrets du pays : les infrastructures intégratrices et stratégiques, les zones économiques spéciales (ZES) et pôles de croissance régionale, aussi la gouvernance de projet, efficacité institutionnelle et leadership stratégique, le capital humain, éducation ciblée et diaspora stratégique, la nouvelle économie – innovation, entrepreneuriat et transformation locale et le modèle adaptable, séquencé et mesurable.

1 Pilier 1 : Infrastructures intégratrices et stratégiques

Objectif : Construire un réseau d'infrastructures interconnectées pour l'unité nationale et l'attractivité économique.

Inspiré du port de Jebel Ali, de l'aéroport de Dubaï et des corridors logistiques intégrés, la RDC doit concevoir un système d'infrastructures structurantes :

- Corridors multimodaux (rail, route, fleuve, air) reliant les grands pôles économiques (Kinshasa, Lubumbashi, Kisangani, Goma, Matadi) ;
- Ports modernes sur le fleuve Congo et sur l'Atlantique, avec zones franches intégrées ;
- Énergies propres (hydroélectricité, solaire) interconnectées à l'échelle nationale ;
- Déploiement d'infrastructures numériques (fibre optique, couverture 4G/5G) pour l'inclusion digitale.

Ces infrastructures doivent être pensées non comme des chantiers isolés, mais comme instruments de transformation territoriale. Il y a aussi lez*s zones économiques spéciales (ZES) et pôles de croissance régionale.

2 Pilier 2 : Zones économiques spéciales (ZES) et pôles de croissance régionale

Objectif : Créer des enclaves de performance économique, décentralisées mais connectées.

À l'image de Dubaï qui a multiplié ses zones franches (DIFC, Dubai Internet City, Dubai Logistics City), la RDC doit mettre en place un réseau de ZES ciblées, avec des fonctions claires

- ZES minières (Kolwezi, Kipushi) pour la transformation locale du cuivre et du cobalt ;
- ZES agricoles (Kasaï, Équateur) pour les cultures vivrières et d'exportation (manioc, cacao, maïs) ;
- ZES logistiques et portuaires (Matadi, Kisangani) pour le commerce régional ;
- ZES numériques et technologiques (Kinshasa, Goma), connectées à la diaspora et aux universités.

Chaque zone devrait bénéficier d'une fiscalité spécifique, d'une gouvernance autonome, et d'investissements ciblés, avec un suivi rigoureux des résultats. Je cite aussi la gouvernance de projet, efficacité institutionnelle et leadership stratégique.

3. Pilier 3 : Gouvernance de projet, efficacité institutionnelle et leadership stratégique

Objectif : Créer une administration agile, transparente et orientée résultats.

Inspirée de la gouvernance projectuelle de Dubaï (Dubai Future Foundation, Dubai Executive Council), la RDC pourrait créer :

- Une Agence Nationale de la Reconstruction et de la Transformation (ANRT), directement rattachée à la Présidence, dotée de prérogatives transversales ;
- Des cellules d'exécution régionales, avec des indicateurs de performance publics ;
- Un corps d'élites administratives, formé à la gestion de projet, à la transformation digitale et au pilotage stratégique ;
- Un cadre juridique pour la gestion contractuelle rigoureuse des partenariats publics-privés (PPP).

La réforme de l'État devra se faire par la preuve, en montrant que certaines entités peuvent fonctionner avec efficacité. Le quatrième pilier porte sur le capital humain, éducation ciblée et diaspora stratégique.

4.Pilier 4 : Capital humain, éducation ciblée et diaspora stratégique

Objectif : Mobiliser l'intelligence congolaise locale et externe pour bâtir une économie de la connaissance.

L'une des forces de Dubaï a été de miser sur les talents, via :

- L'ouverture à des travailleurs qualifiés venus du monde entier ;
- Le développement de zones éducatives (ex. : Dubai Knowledge Park) ;
- L'investissement dans des institutions de formation alignées sur les besoins économiques.

La RDC devra :

- Créer des universités techniques régionales axées sur les métiers d'avenir (énergies, agriculture, numérique, finance) ;
- Valoriser les compétences informelles à travers des certifications professionnelles ;
- Établir une Agence de coopération avec la diaspora, facilitant les retours, les transferts de compétences et les co-investissements ;
- Lancer des programmes d'excellence (bourses, incubateurs, centres de recherche) pour une élite nouvelle.

La nouvelle économie – innovation, entrepreneuriat et transformation locale est le cinquième pilier à proposer.

5. Pilier 5 : Nouvelle économie – innovation, entrepreneuriat et transformation locale

Objectif : Passer d'une économie d'exportation brute à une économie de transformation et de services.

Comme Dubaï a misé sur l'innovation, les services, et la technologie, la RDC doit amorcer un changement de paradigme productif, en stimulant :

- La transformation locale des matières premières, notamment les minerais stratégiques, par l'installation d'usines dans les ZES ;
- L'essor de startups congolaises, dans les domaines de l'agro-tech, de la fintech, de l'économie circulaire, avec un fonds d'innovation congolais ;
- L'économie verte et bleue, autour du fleuve Congo, des forêts, et des énergies renouvelables ;
- Un tourisme ciblé (écotourisme, mémoire, culture) dans des zones sécurisées et accessibles.

Le secteur privé local doit être structuré, financé et accompagné, pour devenir le vrai moteur de la reconstruction. Il s'agit d'un modèle adaptable, séquencé et mesurable.

6 Un modèle adaptable, séquencé et mesurable

Chaque pilier devra être :

- Implémenté de façon progressive (par vagues de territoires ou de secteurs) ;
- Accompagné d'indicateurs de performance annuels (investissements, emplois, exportations, etc.) ;
- Ancré dans des coalitions locales, avec la société civile, les universités, et les entreprises ;
- Corrigé en temps réel, selon un pilotage stratégique fondé sur les données et l'évaluation.

Ce modèle est flexible, mais orienté vers un objectif clair : libérer les énergies congolaises dans un cadre sécurisé, stable et visionnaire.

Conclusion

La RDC ne doit pas chercher à devenir un Dubaï africain, mais un Congo moderne, ancré dans sa terre, son histoire et ses peuples, mais tourné vers le futur. Les cinq piliers proposés ici forment l'ossature d'un projet transformateur, crédible et mobilisateur, pour reconstruire un pays au potentiel immense, resté trop longtemps sous-exploité. Il est important de Financer la transformation – stratégies pour un Congo investissable.

Chapitre 10

Financer la transformation – stratégies pour un Congo investissable

Introduction

Ce chapitre insiste sur le fait de financer la transformation – stratégies pour un Congo investissable

Tout projet de transformation nationale, aussi visionnaire soit-il, dépend de sa faisabilité financière. Dans un pays comme la RDC, où les ressources sont abondantes mais la gouvernance fragile, la question n'est pas tant "où trouver l'argent ?" que "comment rendre le pays fiable, prévisible et attractif pour le capital ?"

Ce chapitre propose une stratégie financière à trois niveaux : mobilisation interne, partenariats stratégiques et intégration aux flux mondiaux. Ainsi je soutiens de lever les ressources internes : fiscalité, redevances et rationalisation, mobiliser l'investissement privé : attractivité et sécurité juridique, un financement multilatéral et coopération stratégique, des innovations financières et outils de nouvelle génération, la gouvernance financière : transparence, redevabilité, efficacité.

1 Lever les ressources internes : fiscalité, redevances et rationalisation

a) Réforme de la fiscalité

La RDC dispose d'un des taux de pression fiscale les plus faibles d'Afrique (<9 % du PIB). Il est urgent de :

- Élargir l'assiette fiscale (notamment dans le secteur informel et les professions libérales) ;
- Réduire la multiplicité des taxes qui étouffent les PME ;
- Digitaliser la collecte via des plateformes comme eTax ou des solutions mobiles ;

- Former et moraliser les agents de la DGI, DGDA, DGRAD.

Un effort de communication est nécessaire pour rétablir le lien entre fiscalité et services publics.

Je conseille la récupération les ressources naturelles captées.

b) Récupérer les ressources naturelles captées

- Renégocier les contrats miniers léonins, avec clauses de transparence et mécanismes de partage des profits ;
- Mettre en place un fonds souverain de transformation (FST-Congo), géré de manière autonome, alimenté par les redevances minières, à l'image du Temasek (Singapour) ou du Future Generations Fund (Koweït) ;
- Exiger l'audibilité en temps réel des flux extractifs, via une plateforme nationale de traçabilité des minerais. Il faut impérativement la réduction des dépenses improductives.

c) Reduction des dépenses improductives

- Réduire les dépenses de prestige (flottes de véhicules, missions extérieures non justifiées, per diem, etc.) ;
- Geler les nominations politiques non productives ;
- Réallouer les budgets vers l'investissement public dans les infrastructures, la formation et la transformation locale.

Il faut mobiliser l'investissement privé : attractivité et sécurité juridique.

2 Mobiliser l'investissement privé : attractivité et sécurité juridique

Il est question d'améliorer le climat des affaires, d'initier des zones le climat des affaires et de mobiliser la diaspora.

a) Améliorer le climat des affaires

- Créer des guichets uniques territoriaux pour les investisseurs, avec procédures allégées et délais garantis ;

- Réformer le Code des investissements pour y intégrer des incitations sectorielles (transformation, logistique, tech, agriculture) ;
- Accroître la prévisibilité réglementaire : un investisseur doit connaître les règles du jeu pour les 10–15 ans à venir.

Il convient d'initier des zones le climat des affaires.

b) Zones économiques spéciales comme catalyseurs

- Les ZES doivent offrir des paquets d'incitations ciblés : exonérations limitées dans le temps, simplification douanière, services publics dédiés, gestion indépendante ;
- Le gouvernement peut établir des joint ventures publiques-privées à capitaux mixtes, à majorité locale mais expertise étrangère ;
- Un fonds de garantie des investissements doit être créé pour couvrir les risques politiques et contractuels.

Il est important de mobiliser la diaspora congolaise.

c) Mobilisation de la diaspora

- Émission de diaspora bonds, à taux préférentiel, pour financer les projets d'infrastructures ou d'éducation ;
- Plateformes de co-investissement, avec retour sur dividende ou participation sociale (santé, bourses, logement).

Je propose un financement multilatéral et coopération stratégique.

3 Financement multilatéral et coopération stratégique

Je parle de partenariat avec les institutions financières internationales (IFI) et de la coopération Sud-Sud et pays du Golfe.

a) Partenariat avec les institutions financières internationales (IFI)

- La RDC peut mieux négocier avec la Banque mondiale, la BAD, le FMI en présentant des projets structurés, alignés avec les ODD ;

- Création d'un portefeuille de "projets bancables" avec études de faisabilité et business plans clairs ;
- Éviter l'endettement non productif : privilégier les prêts concessionnels sur les prêts commerciaux.

Il faut valoriser la coopération Sud-Sud et pays du Golfe.

b) Coopérations Sud-Sud et pays du Golfe

- Établir des accords de co-développement avec les Émirats, le Qatar, la Turquie, l'Inde, la Chine ;
- Attirer les fonds souverains comme Mubadala (EAU) ou QIA (Qatar) pour investir dans les infrastructures et la logistique ;
- Proposer des partenariats gagnant-gagnant : accès aux minerais contre transfert de technologie et création d'emploi local.

Il faut des innovations financières et outils de nouvelle génération.

4 Innovations financières et outils de nouvelle génération

Je propose des financements verts et obligations durables, de financement participatif et coopératif

a) Financements verts et obligations durables

- Émission d'obligations vertes souveraines, adossées à des projets hydroélectriques, reboisement, ou mobilité verte ;
- Création de marchés carbone régulés, sur la base du potentiel forestier de la RDC (Cuvette centrale) ;
- Partenariats avec les grands réseaux de la finance durable (Climate Bonds Initiative, Green Climate Fund).

Il faut aussi de financement participatif et coopératif

b) Financement participatif et coopératif

- Encourager les coopératives locales d'investissement, notamment en zones rurales (agriculture, artisanat) ;

- Plateformes de crowdfunding national et panafricain, en partenariat avec des fintechs (ex. : Thundafund, Afrikstart).

Le point suivant porte sur la gouvernance financière : transparence, redevabilité, efficacité.

5 Gouvernance financière : transparence, redevabilité, efficacité

Sans confiance, aucun financement ne peut être durable. La RDC doit impérativement :

- Mettre en place un Observatoire national des finances publiques (ONFP), indépendant, avec rapport annuel publié ;
- Lancer un budget citoyen simplifié, accessible en ligne, avec simulation interactive des affectations ;
- Renforcer la Cour des comptes, avec audits publics obligatoires pour tous les projets d'investissement de plus de 5 millions USD ;
- Associer la société civile et les médias au suivi des grands chantiers et fonds internationaux.

Conclusion

Financer la transformation du Congo n'est pas une utopie, mais un défi de gouvernance, de crédibilité et d'innovation. Avec un cadre clair, des priorités définies et des outils modernes, le pays peut devenir un acteur crédible sur les marchés financiers, et mobiliser des ressources internes et externes considérables. À l'image de Dubaï, la RDC peut passer d'un pays à la recherche d'aide à un pays qui attire le capital. Il faut une nouvelle diplomatie économique congolaise.

Chapitre 11

Une nouvelle diplomatie économique congolaise

Introduction

Ce chapitre envisage une nouvelle diplomatie économique congolaise.

La diplomatie congolaise est restée, pendant longtemps, marquée par une logique traditionnelle de représentation protocolaire, de plaidoyer politique ou d'alignement géopolitique. Dans un monde globalisé, la diplomatie devient un outil stratégique au service du développement économique, de l'investissement, de la compétitivité et de l'attractivité.

Il expose les fondements d'une diplomatie économique moderne, à l'image de ce que Dubaï a su incarner : un État qui pense chaque relation extérieure comme une opportunité d'investissement, d'innovation ou d'influence utile.

Je parle de la logique Dubaï : diplomatie d'influence et d'investissement, Repenser la diplomatie congolaise comme outil économique, des outils d'une diplomatie économique active, la mobilisation de la diaspora économique, la diplomatie des grands événements, Repenser la diplomatie congolaise comme outil économique, des outils d'une diplomatie économique active, la mobilisation de la diaspora économique, la diplomatie des grands événements,

1 La logique Dubaï : diplomatie d'influence et d'investissement

Dubaï ne dispose pas d'un ministère des Affaires étrangères classique, mais d'un réseau structuré d'agences, de zones franches et de représentations stratégiques (Dubai Chamber, Dubai FDI, Expo Dubai, etc.). La diplomatie y est :

- Économiquement orientée : attirer des capitaux, signer des partenariats, sécuriser les corridors logistiques ;
- Agile et entrepreneuriale : les diplomates sont formés à la négociation commerciale, au marketing territorial et à la stratégie d'affaires ;
- Multicanale : articulation entre ambassades, chambres de commerce, salons, influence numérique et événementiel mondial.

Le Congo peut, sans copier, s'inspirer de cette approche pragmatique et proactive. Il me semble important de repenser la diplomatie congolaise comme outil économique

2 Repenser la diplomatie congolaise comme outil économique

J'évoque la refondation de la mission diplomatique congolaise, les profils et les formations, enfin la cartographie stratégique des priorités.

a) Refondre la mission diplomatique

Les représentations diplomatiques de la RDC doivent être redéployées autour de trois objectifs principaux :

1. Attirer les investissements directs étrangers (IDE) ;
2. Promouvoir les exportations et les entreprises congolaises ;
3. Négocier l'accès aux financements stratégiques, aux marchés et aux transferts de technologies.

Que dire des profils et des formations ?

b) Profils et formations

- Recruter une nouvelle génération de diplomates économiques, formés en commerce international, droit des affaires, marketing territorial ;
- Établir une école de diplomatie économique congolaise, en partenariat avec des écoles africaines et asiatiques ;
- Imposer une culture du résultat : chaque ambassade doit avoir des indicateurs

- économiques annuels (montants d'IDE, projets facilités, entreprises accompagnées).

Que dire de la cartographie stratégique des priorités ?

c) Cartographie stratégique des priorités

- Ciblage géographique : Chine, EAU, Inde, Turquie, Brésil, ASEAN, pays nordiques, diaspora en Europe et Amérique du Nord ;
- Ciblage sectoriel : énergies, agriculture, technologies, logistique, éducation, tourisme, culture ;
- Tactique régionale : jouer un rôle pivot dans la coopération économique régionale (CEEAC, COMESA, SADC).

Les lignes ci-dessous parlent des outils d'une diplomatie économique active.

3 Outils d'une diplomatie économiquc active

Je propose que des ambassades soient gérées comme pôles économiques, la valorisation de la Maison Congo / Congo Investment House et les plates forms numériques.

a) Ambassades comme pôles économiques

- Chaque ambassade majeure doit intégrer un pôle économique permanent : veille sectorielle, services aux entreprises, études de marché, assistance aux investisseurs ;
- Création d'un réseau de diplomates commerciaux (comme le UK Trade & Investment ou Business France) intégrés aux missions diplomatiques.

Il faut la valorisation de la Maison Congo / Congo Investment House.

b) Maison Congo / Congo Investment House

- Déploiement dans les capitales clés de Maisons Congo, qui cumulent les fonctions de :
  - vitrine technologique et culturelle,

- espace de promotion d'opportunités d'affaires,
- guichet unique pour investisseurs étrangers.

Il y a aussi les plates formes numériques.

c) Plateformes numériques

- Portail numérique trilingue (français–anglais–chinois) dédié à la promotion de l'offre congolaise ;
- Utilisation des réseaux sociaux diplomatiques (LinkedIn, Twitter pro, YouTube) pour raconter le Congo économique de manière attractive ;
- Campagnes ciblées : « Invest in Congo Now », « Congo is Future », etc.

Je propose la mobilization de la diaspora économique.

4 Mobilisation de la diaspora économique

La diaspora congolaise constitue un réservoir considérable de compétences, de capitaux et de réseaux. Une diplomatie économique efficace doit :

- Organiser des Forums Congo-Diaspora annuels dans les villes clés (Paris, Bruxelles, Montréal, Johannesburg, Atlanta) ;
- Lancer un Réseau mondial d'entrepreneurs congolais (RMEC), avec des antennes dans les ambassades ;
- Offrir aux membres de la diaspora des opportunités spécifiques à l'investissement productif : fiscalité adaptée, statut spécial, appui bancaire.

Je propose une diplomatie de grands événements.

5 Une diplomatie de grands événements

- Candidater à l'organisation d'expositions internationales, foires régionales, salons thématiques (mines, forêt, numérique, agriculture) ;

- Construire un pavillon permanent "Congo Futur" dans les grands événements économiques mondiaux (Dubai Expo, Davos, Forum Chine-Afrique, Africa CEO Forum) ;
- Favoriser les missions économiques croisées : délégations mixtes publiques–privées congolaises à l'étranger, et forums d'affaires au Congo.

Il faut la gouvernance de la diplomatie économique.

6 Gouvernance de la diplomatie économique

- Création d'un Haut Conseil de la Diplomatie Économique (HCDE), rattaché à la Présidence et composé de représentants de la primature, de l'économie, du commerce, des PME, de l'agence de promotion des investissements, et du ministère des Affaires étrangères ;
- Déploiement d'un plan triennal de diplomatie économique, avec objectifs quantifiés, révisé chaque année ;
- Appui aux ambassades performantes, avec budgets variables selon résultats obtenus.

Conclusion

La RDC ne peut plus se contenter d'une diplomatie de représentation. Elle doit construire une diplomatie offensive, pragmatique, économique et stratégique, à la hauteur de ses ambitions. En s'inspirant de Dubaï, elle peut positionner son image non plus comme pays de conflits, mais comme acteur émergent, fiable, et tourné vers l'innovation et les partenariats gagnant-gagnant. Je propose au chapitre suivant de mobiliser la nation – médias, culture, jeunesse et société civile au cœur du projet.

Chapitre 12

Mobiliser la nation – médias, culture, jeunesse et société civile au cœur du projet

Introduction

Ces pages proposent de mobiliser la nation – médias, culture, jeunesse et société civile au cœur du projet.

La réussite de Dubaï n'est pas uniquement technocratique. Elle repose sur la construction d'un imaginaire collectif mobilisateur, relayé par les médias, incarné par les leaders, approprié par la jeunesse. Pour la RDC, une transformation réelle ne peut être décrétée d'en haut ; elle doit devenir une cause nationale. Ce chapitre propose une stratégie de mobilisation du peuple congolais autour d'un horizon commun : le Congo moderne. Je parle du rôle fondamental des médias dans la transformation, de la culture et identité : ciment de la cohésion et de la projection internationale, de la jeunesse congolaise : énergie, innovation, du leadership, de la société civile et de la mobilisation communautaire et de la création d' un imaginaire collectif de transformation.

1. Le rôle fondamental des médias dans la transformation

Les médias sont les acteurs de pédagogie collective, les médias d'État rénovés et pluralisme structurant, les médias numériques et diasporiques.

a) Médias comme acteurs de pédagogie collective

- Traduire le projet de transformation en langage populaire, visuel, local ;
- Le point suivant porte sur la culture et identité : ciment de la cohésion et de la projection internationale.

- Organiser des campagnes publiques d'information sur les réformes, les projets d'infrastructure, les opportunités économiques ;
- Valoriser les réussites locales : jeunes entrepreneurs, coopératives rurales, initiatives communautaires, innovations urbaines.

Il y a aussi les médias d'État rénovés et pluralisme structurant.

b) Médias d'État rénovés et pluralisme structurant

- Réforme de la RTNC pour en faire un média national de service public, moderne, multilingue, indépendant éditorialement ;
- Appui aux radios communautaires dans les provinces : outils d'éducation économique, de veille citoyenne, de débat local ;
- Collaboration avec des influenceurs numériques et créateurs de contenus pour toucher la jeunesse.

Les lignes ci-après évoquent les médias numériques et diasporiques.

c) Médias numériques et diasporiques

- Développement d'une plateforme numérique officielle du Congo moderne, incluant storytelling, vidéos, podcasts, simulateurs, cartographie interactive ;
- Appui aux médias de la diaspora pour construire une narration cohérente et ambitieuse du projet congolais à l'étranger.

Le point suivant porte sur la culture et identité : ciment de la cohésion et de la projection internationale.

2. Culture et identité : ciment de la cohésion et de la projection internationale

Je parle du pouvoir du récit national, des institutions culturelles structurantes, de l'Industrie culturelle et économie créative.

a) Le pouvoir du récit national

- Produire une mythologie moderne congolaise, valorisant les figures historiques, les symboles collectifs, les réussites actuelles ;
- Créer des séries, films, documentaires, expositions, jeux vidéo qui racontent le Congo du XXIe siècle ;
- Encourager une littérature de la transformation, portée par les écrivains, dramaturges, poètes.

Il y aussi des institutions culturelles structurantes

b) Institutions culturelles structurantes

- Réhabilitation des centres culturels nationaux (Académie des Beaux-Arts, Institut National des Arts, bibliothèques régionales) ;
- Création d'un Musée du Congo Moderne, espace de mémoire, d'espoir et de projection ;
- Déploiement de maisons de la culture et de l'entrepreneuriat créatif dans les capitales provinciales.

Ne pas oublier l' Industrie culturelle et économie créative.

c) Industrie culturelle et économie créative

- Soutien à la musique congolaise, patrimoine vivant à fort potentiel exportable ;
- Structuration de l'audiovisuel congolais (formation, studios, distribution) ;
- Incitations à l'investissement privé dans les industries créatives (mode, design, cinéma, art numérique).

J'évoque la jeunesse congolaise : énergie, innovation, leadership.

3 Jeunesse congolaise : énergie, innovation, leadership le

Sont soulignés ici le capital humain et mobilisation civique, le leadership des jeunes et pouvoir d'agir, la Culture entrepreneuriale et numérique

a) Capital humain et mobilisation civique

- Création d'un "Service civique de transformation", non militaire, qui mobilise des jeunes sur les projets d'intérêt national (reboisement, alphabétisation, transition numérique, agriculture) ;
- Lancement d'un Fonds de l'Initiative Jeune (FIJ) pour financer les projets portés par des jeunes dans les domaines stratégiques.

Que dire du leadership des jeunes et pouvoir d'agir ?

b) Leadership des jeunes et pouvoir d'agir

- Écoles de leadership citoyen et transformation territoriale ;
- Forums régionaux "Jeunesse et Transformation" pour faire remonter les idées du terrain vers les décideurs ;
- Inclusion des jeunes dans les conseils communaux et agences locales de développement.

Enfin j'évoque la Culture entrepreneuriale et numérique.

c) Culture entrepreneurial et numérique

- Appui aux fablabs, incubateurs, espaces de coworking dans toutes les grandes villes ;
- Intégration du code, du design, de la robotique dans les programmes scolaires à partir du secondaire ;
- Partenariat avec des plateformes tech internationales pour former un million de jeunes Congolais aux compétences du futur.

Que dire de la société civile et mobilisation communautaire ?

4 Société civile et mobilisation communautaire

Il s'agit ici de la co-construction du projet de société et de l'appui aux dynamiques locales.

a) Co-construction du projet de société

- Lancer un Dialogue National pour la Reconstruction, avec des assemblées provinciales de citoyens, syndicalistes, artistes, chefs coutumiers, pasteurs, entrepreneurs ;
- Instaurer un mécanisme permanent de consultation citoyenne dans l'élaboration des politiques publiques.

Il convient de soutenir l'appui aux dynamiques locales.

b) Appui aux dynamiques locales

- Renforcement des organisations paysannes, coopératives, mutuelles ;
- Accès facilité aux fonds de développement communautaire pour les projets d'infrastructure sociale ;
- Promotion de la redevabilité locale participative : budgets citoyens, audits publics communautaires. Il faut créer un imaginaire collectif de transformation.

5 Créer un imaginaire collectif de transformation

a) Une vision claire et partagée

- Diffuser un message national structurant, du type : "Ensemble, bâtissons un Congo moderne, juste et fort."
- Organiser des journées nationales de l'innovation, de la transformation, du volontariat ;
- Élaborer un Manifeste citoyen pour le Congo Moderne, signé par des millions de citoyens.

b) Un calendrier de mobilisation

- Définir un "Horizon 2045" : 20 ans de transformation vers le centenaire de l'indépendance ;
- Instaurer un rapport annuel public sur les avancées du projet national.

Conclusion

Sans l'adhésion active du peuple congolais, aucun modèle, aussi brillant soit-il, ne pourra tenir. La transformation doit être vécue, racontée, célébrée, disputée, pour devenir une force sociale irréversible. Ce chapitre montre que la jeunesse, les artistes, les communautés locales et les médias sont des acteurs majeurs du changement, à égalité avec les ministères et les bailleurs. Il faut désormais les intégrer au cœur de la stratégie. Que dire de la planification stratégique et suivi-évaluation – bâtir une trajectoire maîtrisée ?

Chapitre 13

Planification stratégique et suivi-évaluation – bâtir une trajectoire maîtrisée

Introduction

Ce chapitre a pour matrice la planification stratégique et suivi-évaluation – bâtir une trajectoire maîtrisée.

Transformer un pays n'est pas un enchaînement de discours et de projets isolés. C'est un processus organisé, itératif, mesurable et ajustable. Le cas de Dubaï montre comment une vision long terme, déclinée en plans stratégiques cohérents, a permis une exécution rigoureuse, avec des résultats visibles.

Pour la RDC, il s'agit maintenant d'institutionnaliser une méthode : une planification rigoureuse, ancrée dans les réalités, couplée à une évaluation permanente des résultats. Ce chapitre expose les outils, les rythmes et les mécanismes de cette démarche.

1 Construire une vision à long terme

Il s'agit d'une boussole pour 20 à 30 ans et d'une large participation.

a) Une boussole pour 20 à 30 ans

- Élaborer une Vision Congo 2045, horizon stratégique clair, appuyée sur des valeurs : prospérité partagée, justice territoriale, durabilité, souveraineté ;
- Définir les objectifs structurants :
    - Accès universel à l'électricité ;
    - Réduction de la pauvreté de moitié ;
    - Triplement du PIB par habitant ;

- Transformation locale de 50 % des ressources extraites.

Il faut aussi une large participation.

b) Participation large

- La vision doit être construite collectivement, via des consultations régionales, des forums thématiques, des plateformes numériques ;
- Les territoires, la jeunesse, la diaspora doivent y contribuer pour garantir l'appropriation.

Je propose une Traduction opérationnelle : Plans stratégiques quinquennaux.

2 Traduction opérationnelle : Plans stratégiques quinquennaux

Il s'agit des plans de transformation quinquennaux (PTQ), de la déclinaison multisectorielle et des cadres provinciaux de planification,

a) plans de transformation quinquennaux (PTQ),

- Chaque plan fixe :
  - Des priorités sectorielles et territoriales ;
  - Des cibles mesurables ;
  - Un cadre budgétaire pluriannuel.

Que dire de la déclinaison multisectorielle?

b) Déclinaison multisectorielle

- Exemples de plans intégrés :
  - Plan Infrastructures 2025 ;
  - Plan Congo numérique ;
  - Stratégie nationale d'industrialisation ;
  - Plan national de formation et capital humain.

Que dire des cadres provinciaux de planification ?

c) Cadres provinciaux de planification

- Chaque province adapte le PTQ à ses réalités via un Plan provincial de transformation (PPT) ;
- Coordination assurée par les Conseils provinciaux de développement, dotés de secrétariats techniques.

Le point suivant porte sur la gouvernance stratégique centralisée er agile.

3 Gouvernance stratégique centralisée et agile

Je parle d'une structure de pilotage forte et des unités stratégiques transversales.

a) Une structure de pilotage forte

- Mise en place d'un Commissariat Général à la Transformation (CGT), rattaché à la Présidence, dirigé par un profil technocratique ;
- Il centralise la coordination, l'arbitrage intersectoriel et le suivi global des politiques publiques prioritaires.

Que dire des unités stratégiques transversales ?

b) Des unités stratégiques transversales

- Unité des grands projets d'investissement ;
- Unité de planification urbaine et territoriale ;
- Unité de veille stratégique et prospective (anticipation des chocs géopolitiques, climatiques, économiques).

Il y a des outils de suivi-évaluation à signaler.

4 Outils de suivi-évaluation

Il y a les tableaux de bord national, les audits indépendants, les scorecards territoriaux

a) Tableau de bord national

- Création d'un dashboard national public, affichant les indicateurs clés :
    - % du budget alloué à l'investissement productif ;

- Taux d'exécution des chantiers stratégiques ;
- Évolution du chômage des jeunes ;
- Progression de la transformation minière locale.

Je signale aussi les audits indépendants.

b) Audits indépendants

- Missions annuelles d'audit externe pour chaque plan sectoriel ;
- Rapport public présenté au Parlement et publié en ligne.

Il ne faut pas ommettre les scorecards territoriau

c) Scorecards territoriaux

- Chaque gouverneur devra présenter un bilan annuel comparatif, publié et débattu localement (modèle des "contrats de performance" à la rwandaise).
- Scorecards territoriaux

Que dire de la culture de la donnée et décision fondée sur les preuves ?

5 Culture de la donnée et décision fondée sur les preuves

Je parle de l'institut national de la donnée stratégique et la digitalisation de la planification.

a) Institut national de la donnée stratégique

- Rôle : collecte, standardisation, analyse et diffusion des données publiques ;
- Coopération avec les universités, les think tanks et les agences de coopération.

Le point suivant porte sur la digitalisation de la planification.

b) Digitalisation de la planification

- Systèmes intégrés (SIG) pour la cartographie des projets, des ressources et des populations cibles ;

- Plateformes de reporting en temps réel sur les grands projets.

Que dire de la pédagogie de la planification ?

6 Pédagogie de la planification

- Campagnes médiatiques pour expliquer les priorités, les arbitrages, les résultats ;
- Rapports citoyens synthétiques distribués dans les écoles, communes, radios rurales ;
- Mise en récit annuelle via un "Discours sur l'État de la transformation", prononcé par le Président de la République.

Conclusion

Le Congo moderne ne se construira pas par improvisation, mais par maîtrise de sa trajectoire. Cela nécessite une planification claire, des institutions agiles, une évaluation rigoureuse, et surtout une culture nationale du résultat. Ce chapitre clôt la stratégie d'action en montrant que penser, exécuter, corriger, et réussir sont quatre étapes essentielles, indissociables. On ne le dira jamais assez, les femmes congolaises, sont les moteurs silencieux de la transformation nationale.

Chapitre 14

Les femmes congolaises, moteurs silencieux de la transformation nationale

Introduction

Ce chapitre a pour matrice les femmes congolaises, sont les moteurs silencieux de la transformation nationale.

On ne bâtit pas un pays avec la moitié de sa population laissée en marge. En RDC, les femmes représentent plus de 52 % de la population et assurent une part essentielle de l'activité économique informelle, agricole, éducative et sociale. Pourtant, leur place dans les structures de décision, les projets économiques structurants et la gouvernance publique demeure faiblement reconnue, mal valorisée et souvent marginalisée.

Ce chapitre explore comment l'inclusion économique, politique et stratégique des femmes est non seulement une exigence d'équité, mais un accélérateur de transformation nationale, à l'image des sociétés modernes, y compris à Dubaï, qui ont su opérer un virage structurel en la matière. Sont traités un diagnostic : potentiel masqué, obstacles persistants, libérer l'énergie féminine pour la transformation, le Leadership féminin et gouvernance inclusive, la culture, médias et narration des femmes et les femmes et paix : actrices de stabilité.

1 Diagnostic : potentiel masqué, obstacles persistants

Ce point s'articule autour des femmes actives mais sous-valorisées, Sous-représentation politique et institutionnelle et les poids des normes culturelles.

a) Femmes actives mais sous-valorisées

- 70 % des femmes actives en RDC travaillent dans le secteur informel, sans protection ni accès au crédit ;

- Moins de 20 % des terres agricoles leur appartiennent, malgré leur rôle central dans la production et la commercialisation vivrière ;

- Dans les villes, elles sont surreprésentées dans les métiers précaires (petit commerce, soins, ménages, couture).

Il y a une Sous-représentation politique et institutionnelle.

b) Sous-représentation politique et institutionnelle

- Moins de 13 % de femmes au Parlement ;

- Moins de 5 % des gouverneurs de province sont des femmes ;

- Très faible présence dans les organes de régulation économique, la magistrature supérieure ou les directions d'entreprises publiques.

Ce qu'il faut bien voir, c'est que les poids des normes culturelles sont importants.

c) Poids des normes culturelles

- Le pouvoir féminin reste souvent cantonné à la sphère familiale ou à des fonctions « sociales » (éducation, santé, aide humanitaire) ;

- La transmission intergénérationnelle du pouvoir économique aux filles est rarement formalisée.

Il me semble important e libérer l'énergie féminine pour la transformation.

2 Libérer l'énergie féminine pour la transformation

Je parle de l'économie féminine et développement local et de l'éducation et compétences ciblées.

a) Économie féminine et développement local

- Appui à la formalisation des microentreprises féminines (registres, statut juridique simplifié, fiscalité douce) ;

- Création d'un Fonds de Transformation Féminine (FTF) pour financer les coopératives rurales, les startups dirigées par des femmes et les projets sociaux innovants ;
- Développement de marchés agricoles modernes gérés par des fédérations féminines dans les grandes villes.

Il y a aussi la question de l'éducation et des compétences ciblées

b) Éducation et compétences ciblées

- Renforcement de l'accès des filles aux filières techniques, scientifiques et numériques (bourses STEM pour jeunes filles rurales) ;
- Appui à des centres de formation professionnelle féminins (artisanat, design, agroalimentaire, robotique légère) ;
- Mentorat intergénérationnel ; création d'un Réseau des Femmes Leaders Congolaises (RFLC).

Le point suivant évoque le leadership féminin et gouvernance inclusive.

3 Leadership féminin et gouvernance inclusive

Il faut envisager la parité comme principe constitutionnel actif et un renforcement institutionnel.

a) Parité comme principe constitutionnel actif

- Application effective de la parité dans les nominations aux postes publics (gouvernorats, administrations centrales, ambassades, conseils d'administration) ;
- Instauration de quotas féminins dans les conseils locaux de développement, les agences régionales, les chambres économiques.

Le paragraphe suivant parle du renforcement institutionnel.

b) Renforcement institutionnel

- Création d'une Agence nationale pour le leadership féminin (ANLF), rattachée à la Présidence, pour piloter les politiques transversales d'inclusion ;

- Obligation pour les entreprises publiques et privées de publier leur indice d'inclusion de genre.

Que retenir sur la culture, médias et narration des femmes ?

4 Culture, médias et narration des femmes

Il me semble urgent de réécrire l'imaginaire national en impliquant les medias pour la visibilité.

a) Réécrire l'imaginaire national

- Appui à la production de films, romans, podcasts racontant les figures féminines de l'histoire congolaise ;

- Intégration dans les programmes scolaires de biographies de femmes congolaises influentes dans tous les domaines.

L'implication des médias est indispensable pour la visibilité.

b) Médias et visibilité

- Lancement d'une chaîne numérique panafricaine "Femmes du Congo", vitrine des talents, projets et innovations féminines ;

- Encouragement aux journalistes et artistes femmes à couvrir les sujets économiques et politiques.

Que dire des femmes comme actrices de la paix et de la stabilité.

5 Femmes et paix : actrices de stabilité

- Reconnaître le rôle des femmes dans la résolution des conflits, la prévention communautaire, les processus de réconciliation ;

- Appui aux ONG féminines en zones sensibles : Nord-Kivu, Ituri, Haut-Uele, Tanganyika.

Conclusion

La transformation du Congo ne peut réussir sans les femmes. Leur énergie, leur résilience et leur intelligence collective sont des ressources stratégiques trop longtemps négligées. À l'image des Émirats qui ont fait émerger une élite féminine moderne, la RDC doit faire de la femme non plus une victime ou une figure secondaire, mais un pilier de la République refondée.

Investir dans les femmes congolaises, c'est investir dans la performance, la stabilité et l'avenir du pays. Je propose au chapitre suivant une urbanisation maîtrisée et villes intelligentes – construire le Congo urbain de demain.

Chapitre 15

Urbanisation maîtrisée et villes intelligentes – construire le Congo urbain de demain

Introduction

Ce chapitre a pour pierre de touche l' urbanisation maîtrisée et villes intelligentes – construire le Congo urbain de demain.

Le Congo est aujourd'hui à la veille d'une explosion urbaine : plus de 60 % de la population vivra en ville d'ici 2040. Kinshasa compte déjà plus de 15 millions d'habitants, et des villes comme Lubumbashi, Goma, Mbuji-Mayi ou Bukavu croissent sans planification, sans infrastructures adaptées ni vision long terme.

Dans ce contexte, s'inspirer de Dubaï ne consiste pas à reproduire des tours de verre dans le désert, mais à comprendre comment une ville peut devenir un outil stratégique de développement, en intégrant les technologies, l'inclusion sociale, la durabilité et l'économie.

Je parle du modèle Dubaï : une ville pensée comme levier de puissance, du défi urbain congolais : chaos ou opportunité, d'une nouvelle génération de villes congolaises, des technologies urbaines et gouvernance intelligente, des villes vertes et durables, du financement et des partenariats, des villes comme pôles d'attractivité

1 Le modèle Dubaï : une ville pensée comme levier de puissance

Dubaï n'est pas née de l'accumulation anarchique. Elle est le fruit :

- D'un plan directeur urbain révisé tous les 10 ans (Dubai Urban Master Plan) ;

- D'une gestion foncière rigoureuse, avec vision sectorielle (zones industrielles, résidentielles, touristiques) ;
- D'une connectivité globale (aéroports, ports, smart mobility) ;
- D'un usage intensif de la data urbaine : énergie, sécurité, fiscalité, environnement ;
- D'un accent mis sur l'attractivité résidentielle et touristique, au-delà du seul aspect productif.

La question est de savoir si le défi urbain congolais était un chaos ou une opportunité ?

2 Le défi urbain congolais : chaos ou opportunité ?

J'évoque une urbanisation rapide mais non maîtrisée et les conséquences multiples.

a) Urbanisation rapide, non maîtrisée

- Croissance urbaine de 4,3 % par an, la plus rapide d'Afrique ;
- Manque d'infrastructures de base : eau potable, assainissement, routes urbaines, transports publics ;
- Informalité extrême du bâti : près de 70 % des quartiers urbains sont non réglementés ou précaires.

Quelles sont les multiples conséquences ?

b) Conséquences multiples

- Pollution, insécurité, embouteillages, effondrement des services publics ;
- Marginalisation croissante des jeunes sans emploi et des femmes dans les périphéries ;
- Perte d'attractivité pour les investisseurs et les talents.

Il faut concevoir une nouvelle génération de villes congolaises.

3 Concevoir une nouvelle génération de villes congolaises

J'évoque un Plan National d'Urbanisation Stratégique (PNUS) et le Zoning et réformes foncières.

a) Un Plan National d'Urbanisation Stratégique (PNUS)

- Élaboré pour 2025–2045, avec des plans directeurs pour les 20 villes prioritaires ;
- Classées par typologie :
  - Métropoles économiques (Kinshasa, Lubumbashi)
  - Villes-ponts régionales (Goma, Bukavu, Kisangani, Matadi)
  - Villes moyennes stratégiques (Mbuji-Mayi, Kananga, Kindu)
  - Cités industrielles nouvelles (zones économiques spéciales)

Que dire dur le Zoning et les réformes foncières ?

b) Zoning et réformes foncières

- Lancer une réforme du cadastre et du droit foncier urbain (guichet numérique, sécurisation des titres, taxe foncière incitative) ;
- Planification des zones mixtes : logement abordable + commerce + transports + services.

Que retenir sur les technologies urbaines et gouvernance intelligente ?

4 Technologies urbaines et gouvernance intelligente

Je parle de Smart cities à l'africaine, de la Gouvernance numérique et de l' vote participatif en ligne, budget citoyen et de l' Inclusion technologique.

a) Smart cities à l'africaine

- Développement de systèmes intégrés de transport : BRT, minibus intelligents, pistes cyclables, intermodalité ;

- Installation de réseaux de capteurs urbains pour mesurer la pollution, la circulation, l'éclairage ;
- Paiements digitaux pour services municipaux : eau, ordures, électricité, taxe urbaine.

Le point suivent porte sur la gouvernance numérique.

b) Gouvernance numérique

- Création d'une plateforme de gestion urbaine intelligente (SIG, téléservices, data en open access) ;
- Déploiement de conseils municipaux digitaux : vote participatif en ligne, budget citoyen.

Que dire de l' Inclusion technologique ?

c) Inclusion technologique

- Wi-Fi urbain gratuit dans les espaces publics ;
- Bibliothèques numériques de quartier ;
- Espaces jeunes pour innovation urbaine (fablabs municipaux).

Il faut des villes vertes et durables.

5 Villes vertes et durables

Il convient de lutter contre le chaos écologique, promouvoir une construction écoresponsable et une résilience climatique. Résilience climatique

a) Lutte contre le chaos écologique

- Plan national de gestion des déchets urbains (tri, recyclage, unités de traitement locales) ;
- Développement de forêts urbaines, ceintures vertes, murs végétaux.

Il faut promouvoir une construction écoresponsable.

b) Construction écoresponsable

- Normes obligatoires d'efficacité énergétique, toitures solaires, ventilation naturelle ;

- Encouragement à l'utilisation de matériaux locaux durables.

Il convient d'encourager une résilience climatique.

c) Résilience climatique

- Cartographie des risques (inondations, glissements, sécheresse urbaine) ;
- Systèmes de drainage intelligents et bassins de rétention intégrés à l'urbanisme.

Que dire du financement et des partenariats ?

6 Financement et partenariats

- Fonds de développement urbain souverain (cofinancé avec BAD, Banque mondiale, FONER) ;
- Partenariats public-privé (PPP) pour l'habitat social, les transports, la connectivité ;
- Emprunts verts pour infrastructures urbaines (green bonds, climat bonds).

Il convient de promouvoir des Villes comme pôles d'attractivité.

7 Villes comme pôles d'attractivité

- Attractivité pour les diasporas : projets résidentiels connectés + incubateurs + universités de retour ;
- Villes vitrines pour l'Afrique centrale : foires internationales, hubs touristiques, pôles culturels ;
- Développement de quartiers pilotes à Goma, Kinshasa et Lubumbashi.

Conclusion

La ville congolaise doit cesser d'être un symptôme du désordre pour devenir un levier de modernité, de cohésion et de compétitivité. À l'image de Dubaï, les métropoles du Congo peuvent devenir des vitrines de transformation si elles sont pensées, équipées, gouvernées, connectées et financées de manière stratégique.

« La ville n'est pas le contraire du village. Elle est son prolongement, si on la bâtit avec le peuple et pour le peuple. » Que dire de la Sécurité et stabilité – la paix comme socle de transformation nationale?

…itre 16

…é – la paix comme …ation nationale

Ce chapitre a pour objet la Sécurité et stabilité – la paix comme socle de transformation nationale.

Aucune politique de transformation ne peut s'épanouir dans un climat de violence chronique, d'insécurité généralisée ou de méfiance entre citoyens et institutions. Dubaï, avant d'être une vitrine économique, fut d'abord un havre de stabilité dans un environnement géopolitique explosif. La République Démocratique du Congo, elle, vit depuis des décennies sous la menace permanente de conflits, de violences communautaires, de fragilité frontalière et d'armes en circulation.

Ce chapitre insiste sur une évidence trop souvent évacuée des modèles économiques : la paix est un actif stratégique, un prérequis au développement et une production collective à organiser.

Je parle du diagnostic sécuritaire : fragilité persistante, risque de fragmentation, de repenser la sécurité comme politique de développement, d'une une rééforme de la sécurité nationale : vers une armée moderne et républicaine., Le justice doit être au service d'une réconciliation et d'une sécurité durable., le contrôle des armées et des frontières, la sécurité urbaine et prevention, la cooperation international et la diplomatie sécuritaire.

1 Diagnostic sécuritaire : fragilité persistante, risque de fragmentation

Je parle de la multiplicité des foyers de conflit et des faiblesses systémiques,

a) Multiplicité des foyers de conflit

- Nord-Kivu, Ituri, Sud-Kivu, Maniema, territoires minés par des groupes armés, m conflits fonciers, banditisme rural ;
- Activités transfrontalières illicites (or, coltan, bétail, carburant) souvent soutenues par des ı étrangers ;
- Insécurité urbaine croissante dans les grandes villes gangs, "kuluna", extorsions, justice populaire.

Il y a aussi les faiblesses syst.émiques à rappeler

b) Faiblesses systémiques

- Armée et police encore mal équipées, mal formées, sous-payées, et infiltrées localement ;
- Justice déficiente : impunité élevée, lenteur, absence de protection des victimes ;
- Frontières poreuses, non contrôlées, facilitant les trafics et les incursions.

Il convient de repenser la sécurité comme politique de développement et le développement territorial intégré.

2 Repenser la sécurité comme politique de développement

Je propose la sécurité humaine avant celle militaire,

a) Sécurité humaine avant sécurité militaire

- Adopter une vision globale de la sécurité, intégrant :
    - L'accès à la justice ;
    - L'inclusion économique ;
    - La réconciliation communautaire ;
    - La sécurisation des terres

Il me semble important d'envisager un développement territorial intégré..

b) Déploiement territorial intégré

- Prioriser la sécurisation des zones de transformation économique (ZES, corridors, pôles agricoles) ;
- Mobiliser les forces armées et civiles conjointement pour protéger les projets d'infrastructure ;
- Développement de "zones de stabilité pilote", combinant désarmement, investissements ciblés, médiation et emploi jeunes.

Je propose une rééforme de la sécurité nationale : vers une armée moderne et républicaine.

3 Réforme de la sécurité nationale : vers une armée moderne et républicaine

Il faut une réforme de l'armée congolaise et une armée de développement.

a) Réforme de l'armée congolaise (FARDC)

- Audit de la chaîne de commandement, rotation des troupes et décentralisation des bases stratégiques ;
- Création d'unités techniques spécialisées pour :
    - Protection des infrastructures stratégiques ;
    - Surveillance électronique des frontières ;
    - Lutte anti-corruption et discipline interne.

Il faut une armée de développement pour la R.D.Congo.

b) Armée de développement

- Développement d'un Corps d'ingénierie militaire dédié à la reconstruction : routes, ponts, barrages, bases logistiques ;
- Service civique volontaire mixte : jeunesse – ex-combattants – techniciens pour les projets nationaux prioritaires.

Le justice doit être au service d'une réconciliation et d'une sécurité durable.

4 Justice, réconciliation et sécurité durable

Il convient de promouvoir l'accès à la justice locale et à la réconciliation communautaire.

a) Accès à la justice locale

- Installation de tribunaux de paix dans chaque territoire, avec greffes numériques et juristes mobiles ;
- Création d'unités judiciaires anti-spoliation (foncier, entreprises, ressources).

Il y a un impératif de réconciliation communautaire et mémoire.

b) Réconciliation communautaire et mémoire

- Commissions locales de vérité et médiation, avec représentations des chefs coutumiers, religieux, ONG et ex-miliciens ;
- Lancement d'un Programme national de justice transitionnelle, en partenariat avec les victimes et la diaspora.

Que retenir du contrôle des armées et des frontières ?

5 Contrôle des armes et frontières

Il est important de lutter contre la prolifération. Il faut la surveillance intelligente des frontières.

a) Lutte contre la prolifération

- Déploiement d'une brigade spéciale anti-trafics, mobile, connectée aux douanes et aux FARDC ;

Amnistie limitée pour les porteurs d'armes non enregistrées, couplée à un programme de réinsertion. Je propose aussi une surveillance intelligente des frontières..

b) Surveillance intelligente des frontières

- Déploiement de centres de contrôle aux frontières numériques (caméras thermiques, drones, enregistrement biométrique) ;
- Coopération bilatérale renforcée avec le Rwanda, l'Ouganda, la Tanzanie, l'Angola et le Soudan du Sud.

Il est indispensable d'assuer la sécurité urbaine et la prevention.

6 Sécurité urbaine et prévention

- Création de polices municipales spécialisées (transports, jeunesse, voirie) dans les grandes villes ;
- Introduction de systèmes de vidéosurveillance intelligents dans les zones sensibles de Kinshasa, Lubumbashi, Goma ;
- Programme "République Sans Kuluna" : encadrement socio-éducatif, sport, formation accélérée et placement en entreprise.

Il faut envisager enfin la coopération internationale et la diplomatie sécuritaire.

7 Coopération internationale et diplomatie sécuritaire

- Réorientation de la coopération militaire étrangère vers des missions de renforcement des capacités techniques et cyberdéfensives ;
- Appui à la création d'un Centre régional d'analyse stratégique pour la sécurité des Grands Lacs ;
- Dialogue permanent avec les pays voisins sur les questions transfrontalières sensibles.

Conclusion

La transformation du Congo ne peut réussir sans un socle de sécurité solide, juste, légitime et prévisible. Là où Dubaï a investi dans l'ordre et la visibilité, la RDC doit investir dans une paix durable fondée sur la justice, le développement et la souveraineté maîtrisée.

"Une route ne vaut rien si elle mène à la peur. Un hôpital ne soigne pas dans un climat d'insécurité. Le progrès a besoin de paix, la paix a besoin de progrès." Pour une intégration régionale, il faut faire du Congo le cœur stratégique de l'Afrique centrale.

Chapitre 17

L'intégration régionale – faire du Congo le cœur stratégique de l'Afrique centrale

Introduction

Ce chapitre envisage les préalables pour une véritable éintégration régionale : faire du Congo le cœur d el'Afrique centrale.

La République Démocratique du Congo n'est pas un pays enclavé : c'est une plateforme continentale, avec neuf frontières terrestres, une façade fluviale immense, et un potentiel de connexion logistique, énergétique, économique et culturel unique en Afrique. Pourtant, la RDC reste largement en marge des flux intra-africains, alors qu'elle pourrait en être l'épicentre.

Ce chapitre plaide pour une stratégie d'intégration régionale offensive et structurée, en s'inspirant de la posture de Dubaï aux Émirats : un hub entre continents, catalyseur des capitaux, des marchandises, des idées et des talents.

J'analyse le paradoxe congolais : central mais périphérique. Comment faire du Congo un pivot régional ? Je préconise les corridors économiques intégrés., les partenariats énergétiques régionaux, la coopération industrielle et numérique, le rôle du Congo dans la diplomatie africaine

1 Le paradoxe congolais : central mais périphérique

La République Démocratique du Congo a une géographie stratégique sous-exploitée à côté d'une marginalité institutionnelle.

a) Une géographie stratégique sous-exploitée

- Le Congo relie l'Afrique australe à l'Afrique de l'Est, l'Afrique équatoriale à la zone sahélienne ;

- Les corridors fluviaux (Congo, Lualaba, Oubangui) et ferroviaires peuvent connecter les ports d'Angola, Tanzanie, Namibie et Kenya ;

- Kinshasa est à moins de 2 heures de vol de plus de 15 capitales africaines.

Paradoxalement il y a une marginalité institutionnelle. En République Démocratique du Congo.

b) Une marginalité institutionnelle

- Participation limitée dans la SADC, la CEEAC ou le Marché Commun d'Afrique Orientale et Australe (COMESA) ;

- Absence de st ratégies nationales claires pour les corridors, zones frontalières, alliances économiques régionales.

Comment faire du Congo un pivot régional ?

2 Faire du Congo un pivot régional

Il convient d'envisager un redeploiement diplomatique économique et des zones économiques transfrontalières.

a) Redéploiement diplomatique économique

- Création d'un Secrétariat aux Affaires Régionales Stratégiques (SARS) à la Présidence ;

- Déploiement de conseillers économiques régionaux dans toutes les ambassades d'Afrique centrale, australe et orientale ;

- Lancement d'une feuille de route Congo 2030 pour l'intégration régionale, déclinée par secteurs : énergie, transport, commerce, santé, climat, numérique.

Des zones économiques transfrontalières. Me paraissent indispensables.

b) Zones économiques transfrontalières

- Création de zones franches mixtes avec :

- L'Angola (Kamina–Luena)
- Le Rwanda (Goma–Gisenyi)
- Le Soudan du Sud (Aru–Yei)
- L'Ouganda (Mahagi–Arua)

• Infrastructure partagée, fiscalité conjointe, main-d'œuvre locale binationalisée.

Je préconise des corridors économiques intégrés.

3 Corridors économiques intégrés

Je propose trois corridors structurants et une coopération logistique conséquente.

a) Trois corridors structurants

1. Corridor Est : Kisangani–Goma–Kigali–Mombasa
   - Route bitumée + fibre optique + pipelines légers + train régional.
2. Corridor Sud : Kolwezi–Dilolo–Luanda–Walvis Bay
   - Export minier + import de machines lourdes + logistique minière.
3. Corridor Centre : Kinshasa–Brazzaville–Bangui–N'Djamena
   - Axe fluvial et ferroviaire : commerce de masse, bétail, hydrocarbures.

Il faut une coopération logistique conséquente.

b) Coopération logistique

- Accords de transport régional intégré : droits de passage, harmonisation douanière, certification commune des conducteurs et véhicules ;
- Port sec de Kisangani et hub logistique régional de Kolwezi.

Il faut des partenariats énergétiques régionaux.

4 Partenariats énergétiques régionaux

- Interconnexion des réseaux électriques (via Inga, Ruzizi, centrales solaires) avec :
    - L'Afrique australe (Zambie, Zimbabwe)
    - L'Afrique de l'Est (Rwanda, Ouganda, Kenya)
    - Le Tchad et le Soudan du Sud à moyen terme ;
- Création d'un marché régional de l'énergie via la SAPP et la Pool Énergétique de la CEEAC.

Il est impérieux d'envisager la coopération industrielle et numériquec

5 Coopération industrielle et numérique

Il est impérieux d'avoir une industrie régionale intégrée et des transformations numériques transfrontalières.

a) Industrie régionale intégrée

- Chaînes de valeur minières régionales : extraction (Congo) + raffinage (Zambie) + montage (Kenya) ;
- Développement d'accords industriels tripartites : RDC–Angola–Namibie, RDC–Rwanda–Kenya.

Je propose des transformations numériques transfrontalières.

b) Transformation numérique transfrontalière

- Développement d'un Marché Numérique Commun en Afrique centrale :
    - Paiement mobile interopérable (API communes)
    - Portabilité des données fiscales
    - Cloud souverain régional.

Il y a un réel rôle du Congo dans la diplomatie africaine.

6 Rôle du Congo dans la diplomatie africaine

- Appui à la création d'un Conseil de sécurité africain basé à Kinshasa ;
- Lancement d'un Sommet annuel "Congo+10", rassemblant les pays frontaliers et partenaires stratégiques ;
- Leadership de la RDC dans la Zone de Libre Échange Continentale Africaine (ZLECAf).
-

Conclusion

L'avenir du Congo ne se construira pas seul. Son potentiel ne se déploiera que s'il devient un acteur structurant de l'Afrique centrale, orientale et australe. À l'image de Dubaï dans le Golfe, le Congo peut devenir le cœur géostratégique d'une Afrique qui commerce, qui produit, qui connecte et qui rayonne.. « Une grande nation ne s'isole pas. Elle s'intègre, elle relie, elle inspire. »

Kolwezi comme une capitale minière à la croisée du développement et de la fracture.

Chapitre 18

Kolwezi – Une capitale minière à la croisée du développement et de la fracture

Introduction

J'ai jugé opportun de consacrer ce chapitre à la Ville de Kollwezi, capitale minière à la croisée du développement et de la fracture.

Kolwezi, chef-lieu de la province du Lualaba, est aujourd'hui l'un des points névralgiques de l'économie mondiale, en raison de ses immenses réserves de cobalt, cuivre et lithium, essentiels à la transition énergétique mondiale. Pourtant, cette richesse souterraine contraste violemment avec la précarité visible des populations locales.

- Ce chapitre examine comment Kolwezi tente de se positionner comme modèle congolais de gouvernance minière locale, dans une logique proche du modèle Dubaï : convertir une rente minière en infrastructures visibles, en emplois durables et en cohésion territoriale. Thème : Décentralisation, fiscalité minière, infrastructures locales.
- Contexte : Boom du cobalt et du cuivre, tensions entre exploitants miniers et populations.
- Éléments clés :
    - Gestion du fonds minier de développement local ;
    - Infrastructures financées par la redevance (routes, écoles) ;
    - Émergence d'acteurs politiques et économiques locaux.

Leçons : Importance de l'ancrage local et des partenariats public-privé responsables.

Il est question d'une gouvernance minière locale Ainsi je parle de Kolwezi comme un profil stratégique, du contexte de la gouvernance minière, des infrastructures financées localement : vers un modèle visible, de la Gouvernance et transparence : progrès et limites, des Leçons à tirer pour une transformation à la Dubaï

1 Kolwezi : profil stratégique

- Plus de 750 000 habitants (estimation 2023), croissance rapide ;
- Cœur du "cobalt belt" mondial (Tenke Fungurume, Kamoto Copper Company, Mutanda Mining…) ;
- Présence de majors minières internationales : Glencore, CMOC, Chemaf ;
- Infrastructure en développement : aéroport, routes, zones industrielles.

Quel est le contexte de la gouvernance minière ?

2 Contexte de la gouvernance minière

J'évoque un boom extractif et les tensions locales, ensuite une gouvernance hybride.

a) Boom extractif et tensions locales

- Le prix du cobalt a triplé entre 2016 et 2022, provoquant un afflux d'investisseurs ;
- La population locale perçoit peu les retombées : chômage élevé, pollution, spoliation des terres, déplacements forcés ;
- Conflits récurrents entre exploitants industriels et creuseurs artisanaux ("mineurs informels").

Il y a une gouvernance hybride à signaler.

b) Gouvernance hybride

- Compétence partagée entre gouvernement central, province du Lualaba, entreprises minières et communautés locales ;
- Application de la loi minière révisée (2018) qui impose :
    - Une redevance minière à verser au Fonds Minier de Développement Local (FOMIN) ;
    - L'obligation de réaliser des plans de développement communautaire (PADC).

Les infrastructures financées localement : vers un modèle visible.

3 Infrastructures financées localement : vers un modèle visible

J'évoque les investissements réalisés depuis 2019, et les acteurs clefs.

a) Investissements réalisés depuis 2019

- Construction de routes urbaines en béton armé (20 km en 3 ans) ;
- Réhabilitation du marché central de Kolwezi ;
- Construction d'un hôpital moderne et de centres de santé périphériques ;
- Éclairage public solaire dans plusieurs quartiers ;
- Aménagement de ronds-points, places publiques et stades.

Que dire des acteurs clefs?

b) Acteurs clés

- Gouvernement provincial sous l'impulsion de la gouverneure Fifi Masuka ;
- Appui de la Gécamines (via joint-ventures) et de certains opérateurs miniers responsables ;
- Mobilisation d'entreprises locales dans l'exécution des marchés publics.

La question est de savoir si la gouvernance et transparence est un progrès e quelles en sontt limites ?

4 Gouvernance et transparence : progrès et limites

a) Progrès

- Mise en place d'un cadre de dialogue multiacteurs (entreprises, société civile, mairie) ;
- Publication partielle des budgets provinciaux et d'inventaires des projets financés ;
- Début de suivi communautaire via les comités de développement local (CDL).

Quelles sont les limites et les tensions de la gouvernance ?

b) Limites et tensions

- Rétention des redevances minières par Kinshasa à certains moments ;
- Faibles capacités techniques de planification à l'échelle communale ;
- Soupçons de clientélisme, de surfacturation et de priorisation politique ;
- Tensions persistantes avec les coopératives de creuseurs artisanaux mal intégrés.

Quelles sont les leçons à tirer pour une transformation à la Dubaï ?

5 Leçons à tirer pour une transformation à la Dubaï

Sont traitées la vision et planification urbaine, la diversification économique, la formation et emploin, la fiscalité équitable et traçable

a) Vision et planification urbaine

- Nécessité de doter Kolwezi d'un plan directeur à 20 ans : zoning, routes, transports, zones industrielles, espaces verts ;

- Penser la ville comme hub économique intégré, non comme simple cité minière.

Le point suivant porte sur la diversification économique.

b) Diversification économique

- Développement de zones de transformation locale : fonderies, batteries, recyclage de minerais ;
- Promotion de l'agroalimentaire et du bâtiment pour réduire la dépendance minière

Je parle de la formation et de l'emploi au point suivant.

c) Formation et emploi

- Lancement d'un Institut Supérieur des Métiers Miniers et Électriques (collaboration public–privé) ;
- Intégration de quotas d'emplois locaux obligatoires dans les entreprises minières.

Que dire de la fiscalité équitable et traçable?

d) Fiscalité équitable et traçable

- Digitalisation de la collecte des redevances locales ;
- Publication systématique des affectations budgétaires des fonds miniers ;
- Suivi par des comités citoyens de contrôle des projets.

Conclusion

Kolwezi offre aujourd'hui au Congo une opportunité rare : transformer une rente mondiale en projet de société local. Les prémices sont visibles, les ambitions existent. Il reste à structurer, intégrer, sécuriser et pérenniser ces efforts.

« Ce que Dubaï a fait avec le pétrole, Kolwezi peut le faire avec le cobalt. À condition que la richesse sorte de terre pour entrer dans la ville. ». Que retenir du parc des Virunga – biodiversité, paix et économie verte au cœur de l'Est Congolais ?

Chapitre 19

Le Parc des Virunga – biodiversité, paix et économie verte au cœur de l'Est Congolais

Introduction

Ces lignes étudient le Parc des Virunga – biodiversité, paix et économie verte au cœur de l'Est Congolais.

Souvent associé à la guerre, aux groupes armés et aux crises humanitaires, l'Est du Congo recèle aussi l'un de ses trésors les plus stratégiques : le Parc national des Virunga, inscrit au patrimoine mondial de l'UNESCO depuis 1979. Ce parc est le plus ancien d'Afrique, mais aussi l'un des plus menacés.

Ce chapitre met en lumière un modèle émergent de "paix par l'écologie", où tourisme, énergies vertes, emplois locaux et diplomatie environnementale s'allient pour transformer une zone rouge en laboratoire de développement durable, inspirant pour le reste du pays.

Le parc de Virunga : écotourisme et économie verte

- Thème : Biodiversité, sécurité, économie verte.
- Contexte : Plus ancien parc d'Afrique, menacé par les conflits et le braconnage.
- Éléments clés :
    - Développement d'hydroélectricité locale (Virunga Énergie) ;
    - Création d'emplois verts ;
    - Coopération internationale (UE, Fondation Virunga).

Leçons : Comment un territoire fragile peut devenir une zone d'investissement durable.

Dès lors, je parle du Virunga : un patrimoine sous tension, du modèle Virunga Alliance, es résultats tangibles, des obstackes persistants , des leçons pour le modèle national et les Perspectives.

1 Virunga : un patrimoine sous tension

Il convient de déterminer la superficie et les richesses naturelles de Virunga ainsi que les enjeux géopolitiques.

a) Superficie et richesse naturelle

- Surface : 7 800 km², englobant forêts, volcans, lacs et savanes ;
- Présence unique : gorilles de montagne, éléphants, okapis, chimpanzés ;
- Rôle stratégique dans le cycle hydrologique régional (source du Nil, bassins du lac Édouard et Albert).

Quels sont les enjeux géopolitiques en lien avec le parc de Virunga ?

b) Enjeux géopolitiques

- Frontière avec le Rwanda et l'Ouganda, zones de passage des groupes armés ;
- Près de 1 500 rangers armés, parfois victimes de milices ou braconniers ;
- Activités illégales : charbonnage, pêche industrielle, braconnage, spoliation foncière.

Le modèle Virunga Alliance

2 Le modèle Virunga Alliance

Ce point porte sur l'origine du modèle Virunga Alliance et les piliers de la stratégie.

a) Origine

- Iniative lancée en 2012 par le parc et des partenaires internationaux (UE, philanthropes, techniciens africains) ;
- Objectif : stabiliser la région par le développement durable, et non par la force militaire seule.

Que dire des piliers de la stratégie ?

b) Piliers de la stratégie

1. Conservation active
    - Réintroduction d'espèces menacées
    - Reboisement et surveillance par drones
    - Formation de rangers locaux
2. Production énergétique verte
    - 3 micro-centrales hydroélectriques (Matebe, Lubero, Mutwanga) :

      26 MW de capacité installée
    - Électrification de plus de 100 000 foyers
    - Réduction massive de la déforestation et du charbon de bois
3. Création d'emplois
    - Plus de 3 000 emplois directs créés en 10 ans
    - Usines agroalimentaires et ateliers locaux alimentés par l'énergie verte
    - Formation de jeunes aux métiers techniques et à la gestion d'entreprise
4. Écotourisme durable
    - Réhabilitation des lodges, circuits de trekking vers les gorilles et les volcans

- Sécurité renforcée pour les visiteurs
- Revenus réinvestis dans les communautés locales

Résultats tangibles

3 Résultats tangibles

- Diminution de la pression sur les écosystèmes (moins de braconnage, moins de feux) ;
- Reprise partielle du tourisme international avant l'éruption de Nyiragongo (2021) ;
- Apparition de micro-entreprises rurales autour des pôles énergétiques ;
- Meilleure perception du parc par les communautés voisines grâce aux bénéfices partagés.
- 4 Obstacles persistants

Des obstackes persistants

4 Obstacles persistants

- Attaques armées contre le personnel (plus de 200 rangers tués en 10 ans) ;
- Intrusions de groupes armés dans le parc (M23, FDLR, Maï-Maï…) ;
- Tensions foncières avec certaines communautés non indemnisées ;
- Manque de coordination nationale avec les politiques publiques de sécurité, tourisme et agriculture.

Leçons pour le modèle national

5 Leçons pour le modèle national

Parmi les leçons à retenir je cite la sécurité par le développement, la valorisation des écosystèmes comme actifs stratégiques et la décentralisation écologique.

a) Sécurité par le développement

Une centrale électrique crée plus de paix qu'un blindé si elle alimente l'économie.

- Virunga démontre qu'une approche sécuritaire durable commence par l'emploi et l'infrastructure.

Je retiens comme autre leçon la valorisation des écosystèmes comme actifs stratégiques.

b) Valoriser les écosystèmes comme actifs stratégiques

- La biodiversité du Congo est une richesse économique, pas un simple atout écologique ;
- L'État peut capter des fonds carbone, des investissements verts et du tourisme international.

Je retiens aussi la décentralisation écologique.

c) Décentralisation écologique

- Confier la gestion d'une partie des parcs nationaux à des structures locales ou mixtes, avec reporting indépendant ;
- Créer des zones tampon agricoles productives autour des aires protégées.

Perspectives

6 Perspectives

- Étendre le modèle Virunga à d'autres sites :
  - Parc de la Salonga (centre)
  - Réserve d'Itombwe (Sud-Kivu)
  - Réserve de la Lomami (Tshopo/Haut-Lomami) ;
- Lancer une Agence nationale pour les économies vertes locales (ANEEL) ;
- Nouer des partenariats triangulaires : ONG – État – investisseurs éthiques.

Conclusion

Le Parc des Virunga n'est pas seulement une réserve naturelle, c'est un laboratoire de souveraineté verte pour la RDC. À la manière de Dubaï qui a converti ses déserts en plateformes de services, le Congo peut transformer ses forêts et montagnes en vecteurs de croissance, d'image et d'influence.

« Préserver la nature, c'est aussi préserver la nation. Le futur du Congo est vert, s'il sait le rendre productif. ». Le prochain chapitre évoque Kinshasa Digital – la naissance d'un écosystème technologique congolais.

Chapitre 2O

Kinshasa Digital – la naissance d'un écosystème technologique congolais

Introduction

Kinshasa Digital – la naissance d'un écosystème technologique congolais Longtemps perçue comme un espace de survie informelle, Kinshasa est aujourd'hui aussi un territoire d'innovation. Une génération d'entrepreneurs, d'ingénieurs et de créatifs digitaux y fait émerger une économie de la connaissance, structurée autour de startups, incubateurs, centres de formation et événements tech.

Ce chapitre explore la dynamique de "Kinshasa Digital", dans une perspective de croissance à la Dubaï : une transformation fondée sur les ,

Kinshasa Digital : l'émergence d'une économie numérique

- Thème : Innovation technologique, jeunesse, entrepreneuriat.
- Contexte : Essor des startups congolaises malgré un faible accès au capital.
- Éléments clés :
  - Incubateurs (Ingenious City, Kinshasa Digital Academy) ;
  - Formations pratiques en coding, design, IA ;
  - Connexions à la diaspora et à la ZLECAf numérique.

Leçons : Les villes comme accélérateurs d'innovation si l'écosystème est structuré.

Sont traités le contexte : une ville, une jeunesse, un défi ; l'émergence de l'écosystème "Kinshasa ; Digital, Modèle économique et impact social, ; les défis de l'écosystèm et les leçons à tirer pour une stratégie nationale, Comparaison avec Dubaï.

1 Contexte : une ville, une jeunesse, un défi

- Kinshasa : près de 16 millions d'habitants, dont 65 % ont moins de 30 ans ;
- Chômage élevé, mais fort taux de connectivité mobile (plus de 35 millions de smartphones actifs en RDC) ;
- Absence d'un écosystème tech structuré jusqu'à la fin des années 2010.

Je souligne l'émergence de l'écosystème "Kinshasa Digital

2 L'émergence de l'écosystème "Kinshasa Digital"

J'évoque les acteurs clefs et les initiatives majeures.

a) Acteurs clés

- Kinshasa Digital (agence tech + événement annuel) ;
- Ingenious City : incubateur de startups avec coworking, mentoring, levées de fonds ;
- Kmer Tech Hub, Wapi Digital, Silikin Village : initiatives privées et communautaires ;
- ESPRIT, Université de Kinshasa, UPC : écoles intégrant progressivement le numérique.

Que dire des initiatives majeures ?

b) Initiatives majeures

- Kinshasa Digital Academy : formation gratuite de jeunes (coding, UI/UX, marketing digital) ;
- Kinshasa Digital Week : rassemble chaque année des startups, bailleurs, entreprises et investisseurs ;

- Lancement de startups locales :
  - Maxicash (paiements transfrontaliers)
  - Bnbjobs (recrutement digital)
  - Yango Congo (mobilité urbaine)
  - Bantubet (blockchain et jeux)

Modèle économique et impact social

3 Modèle économique et impact social

Il y a la création d'emplois, l'inclusion des femmes et la contribution au développement.

a) Emplois créés

- Environ 2 500 emplois directs et indirects créés depuis 2019 ;
- Intégration des jeunes sans diplôme dans les métiers du numérique (freelance, dev, infographie).

Je cite aussi l'inclusion des femmes.

b) Inclusion des femmes

- Programmes spécifiques : "She Codes", "Femme Digitale" ;
- Plus de 40 % des apprenants en 2023 étaient des femmes.

Il y a une réelle contribution au développement.

c) Contribution au développement

- Solutions digitales congolaises pour l'éducation, la santé, les transports, la logistique ;
- Portails gouvernementaux modernisés avec l'aide des startups locales (e-visa, e-santé, e-recettes).

Je relève les défis de l'écosystème au point suivant.

4 Défis de l'écosystème

- Financement très limité : peu de fonds de capital-risque nationaux ;
- Cadre juridique obsolète (pas de loi spécifique sur les startups ou la data) ;
- Forte dépendance à l'appui extérieur (France, UE, ONU…) ;
- Manque d'accès à Internet stable et bon marché.

Leçons à tirer pour une stratégie nationale

5 Leçons à tirer pour une stratégie nationale

Parmi les leçons à retenir je signale l'état facilitateur, le lien entre la technologie et l'industrieet enfin le rôle de la diaspora numérique.

a) État facilitateur

- Créer un fonds congolais d'amorçage numérique (FONADIGI) ;
- Mettre en place une "Startup Act RDC" avec fiscalité allégée, visa tech, exonération sur les imports de matériel.

Je signale le lien entre la technologie et l'industrie.

b) Lier technologie et industries

- Connecter les startups aux secteurs stratégiques :
  - agriculture (e-fertilisation, météo mobile)
  - énergie (gestion intelligente des réseaux)
  - finance (paiement mobile rural)

Il y a le role de la diaspora numérique.

c) Diaspora numérique

- Faciliter le retour des ingénieurs, développeurs et investisseurs congolais de l'étranger (incitations, portails de projets, financement mixte) ;

- Partenariats avec des technopoles africaines (Nairobi, Kigali, Lagos, Tunis).

Comparaison avec Dubaï

6 Comparaison avec Dubaï

Critère	Dubaï	Kinshasa
Infrastructures tech	Zones franches digitales, Data Centers	Début de coworkings, manque de backbone
Législation	Zones spéciales avec lois tech avancées	Vide juridique numérique
Investisseurs	Fonds souverains, VCs étrangers	ONG, diaspora, quelques privés
Formation	Universités techniques connectées au secteur privé	Début d'intégration, sous-financée

Kinshasa peut rattraper le retard si elle transforme ses hubs digitaux en pôles économiques structurants

Conclusion

Le numérique à Kinshasa n'est pas qu'un mirage : c'est un levier puissant pour créer des emplois, des services et une image positive du Congo. À condition de structurer l'écosystème, de le protéger juridiquement et de le connecter à la production réelle.

« La Silicon Valley n'a pas commencé avec des milliards, mais avec une vision. Kinshasa a cette vision. Aidons-la à la réaliser. » La question à se poser est celle de savoir si la Zone Économique Spéciale du Lualaba était tournée vers une industrialisation minière intégrée ?

Chapitre 21

conomique Spéciale du – vers une industrialisation minière intégrée ?

Introduction

La question soulevé dans ce chapitre est de savoir si la Zone Économique Spéciale du Lualaba était tournée vers une industrialisation minière intégrée ?

Le modèle Dubaï s'est appuyé sur des zones franches attractives, où infrastructures, fiscalité incitative et services efficaces ont attiré des investisseurs du monde entier. En RDC, le concept de ZES a été introduit dans les années 2010, mais peine à décoller.

Ce chapitre analyse la ZES du Lualaba comme étude de cas pilote d'industrialisation minière locale, à travers les défis réglementaires, logistiques et économiques qu'elle soulève. Un cas révélateur des conditions de réussite ou d'échec de la stratégie congolaise de transformation locale des ressources.

Lualaba : expérimentation d'une Zone Économique Spéciale

- Thème : Zones franches, industrialisation, gouvernance.
- Contexte : Début de formalisation d'une ZES autour des minerais stratégiques.
- Éléments clés :
    - Tentatives de transformation locale du cobalt ;
    - Mobilisation d'acteurs chinois et congolais ;
    - Défis juridiques et fiscaux.

Leçons : L'importance d'un cadre clair et stable pour attirer des investissements industriels

J'évoque le contexte général, les objectifs initiaux, les a… réalisées, les contraintes et limites rencontrées, la compa… avec Dubaï, les leçons et les perspectives.

1 Contexte général

Pourquoi une ZES dans le Lualaba ? Comment a été envisagé le lancement du projet ?

a) Pourquoi une ZES dans le Lualaba ?

- Le Lualaba concentre plus de 60 % de la production congolaise de cuivre et de cobalt ;
- Faible transformation locale : la plupart des minerais bruts sont exportés vers la Chine, l'Afrique du Sud ou les Émirats ;
- Objectif de l'État : rapatrier la chaîne de valeur et créer des emplois industriels.

Je parle du lancement du projet au point suivant.

b) Lancement du projet

- ZES officiellement créée à Fungurume en 2019 ;
- Surface initiale : 300 hectares (potentiellement extensible à 1 000 ha) ;
- Statut : Zone Franche Industrielle sous contrôle du Ministère de l'Industrie, avec supervision provinciale.

Que retenir des objectifs initiaux ?

2 Objectifs initiaux

- Attirer des investisseurs privés dans les domaines suivants :
    - Raffinage de cobalt/cuire
    - Fabrication de pièces pour batteries
    - Transformation des déchets miniers
    - Logistique, construction, agroalimentaire local
- Créer plus de 5 000 emplois directs d'ici 2025 ;

- Générer une plus-value locale d'au moins 30 % par rapport aux exportations brutes.

Le point suivant porte sur les avancées réalisées.

3 Avancées réalisées

J'évoque les premiers investissements et les effets locaux.

a) Premiers investissements

- Implantation de deux usines pilotes :
  - Une raffinerie semi-automatisée de cathodes de cobalt ;
  - Une unité de production de briques et de matériaux locaux pour les chantiers ;
- Développement d'une petite centrale électrique solaire (8 MW) dédiée à la ZES ;
- Construction d'une route d'accès bitumée de 20 km financée par un consortium sino-congolais.

Que dire des effets locaux ?

b) Effets locaux

- Embauche de techniciens formés localement dans les écoles industrielles du Lualaba ;
- Développement de PME de sous-traitance : transport, maintenance, sécurité, catering.

Quelles sont les contraintes et limites rencontrées ?

4 Contraintes et limites rencontrées

Il me faut signaler les faiblesses structurelles, l'insuffisance logistique et une gouvernance hybride.

a) Faiblesses structurelles

- Manque de cadre légal spécifique : pas de loi complète sur les ZES, décrets souvent flous ;
- Retards administratifs dans la délivrance des agréments et exonérations ;

- Zone encore dépendante d'un seul secteur (minerais), sans diversification.

Que dire de l'insuffisance logistique ?

b) Logistique insuffisante

- Absence de connexion ferroviaire fiable à la Zambie ou au port de Lobito ;
- Instabilité de l'approvisionnement énergétique : réseau public saturé, groupes électrogènes coûteux ;
- Coût élevé de la logistique pour exporter les produits transformés.

Il y a une gouvernance hybride très floue.

c) Gouvernance hybride floue

- Tensions entre l'administration centrale (Ministère de l'Industrie) et le gouvernorat du Lualaba ;
- Faible participation des communautés locales dans le développement de la zone ;
- Problèmes fonciers non résolus autour des limites de la ZES.

Quelle comparaison faire avec Dubaï ?

5 Comparaison avec Dubaï

Élément	Dubaï (Jebel Ali Free Zone)	Lualaba ZES
Législation	Claire, stable, internationalisée	En construction, incomplete
Infrastructures	Ports, énergie, télécoms de classe mondiale	Route, électricité en progrès, peu de services
Gouvernance	One-stop-shop très performant	Multiples guichets, lenteurs
Image et confiance	Forte attractivité	Méfiance de certains investisseurs

Élément	Dubaï (Jebel Ali Free Zone)	Lualaba ZES
Diversification	Multi-sectorielle	Encore mono-sectorielle (mines)

Les lignes ci-deoous portent sur les leçons à retenir et perspectives.

6 Leçons et perspectives

Il faut un cadre légal robuste, l'intégration des communautés et une logistique régionale conséquente.

a) Nécessité d'un cadre légal robuste

- Adopter une "Loi sur les ZES" spécifique, avec fiscalité transparente, règles douanières, arbitrage rapide ;
- Créer un guichet unique numérique pour toutes les démarches administratives.

L'intégration des communautés est un impératif.

b) Intégration des communautés

- Impliquer les autorités coutumières, la société civile et les universités dans la planification ;
- Mettre en place des fonds locaux d'inclusion sociale financés par les opérateurs de la ZES.

L'urgence d'une logistique régionale s'impose.

c) Logique de cluster régional

- Connecter la ZES du Lualaba avec d'autres sites dans une logique de corridor industriel (Kolwezi–Dilolo–Luanda) ;
- Développer une spécialisation complémentaire avec la future ZES de Maluku (Kinshasa) ou de Bunagana (Nord-Kivu).

Conclusion

La ZES du Lualaba est une tentative prometteuse mais fragile de transformation industrielle du Congo. Elle montre que la richesse du sous-sol n'est pas un destin, mais une opportunité à structurer, à gouverner et à sécuriser. Inspirée du modèle Dubaï, elle rappelle que le succès des zones franches tient autant à la rigueur de leur cadre qu'à la confiance qu'elles inspirent.

« La transformation du cobalt ne suffit pas : il faut transformer le territoire. Une ZES ne vaut que si elle bénéficie à ceux qui l'habitent. ». Il faut reconstruire ville de Goma qui est en crise permanente.

Chapitre 22

Goma – reconstruire une ville en crise permanente

Introduction

Ce chapitre a pour pierre de touche la reconstruction de la ville de Goma qui est en crise permanente.

Goma est souvent décrite comme une ville martyre : guerres à répétition, occupation de groupes armés, déplacements massifs de populations, éruption volcanique en 2002 puis en 2021, insécurité chronique. Pourtant, Goma ne cède pas. C'est aujourd'hui l'un des laboratoires urbains les plus dynamiques de la RDC, voire de l'Afrique centrale.

Ce chapitre analyse comment Goma se reconstruit par le bas, à travers des initiatives communautaires, de la planification participative et une jeunesse engagée. Une leçon pour d'autres villes congolaises confrontées aux chocs systémiques.

Goma : une ville post-crise en reconstruction

- Thème : Urbanisme, résilience, société civile.
- Contexte : Ville meurtrie par les conflits, les éruptions et les déplacements.
- Éléments clés :
  - Projets d'urbanisme participatif (quartiers pilotes) ;
  - Mobilisation des jeunes dans la culture, le numérique ;
  - Coopération urbaine Goma–Gisenyi (Rwanda).

J'évoque les leçons : La résilience urbaine comme socle de développement régional

Je parle du profil de Boma, des impacts cumulés de la crise, de la résilience urbaine émergente, Urbanisme participatif : un tournant, les leçons pour une stratégie urbaine nationale et .la aomparaison avec Dubaï.

1 Profil de Goma

- Population estimée : environ 2 millions (fortement accrue par les déplacés) ;
- Situation géographique : au bord du lac Kivu, en face de Gisenyi (Rwanda) ;
- Risques majeurs :
  - Conflits armés (M23, ADF, groupes Maï-Maï)
  - Volcan actif (Nyiragongo)
  - Pression foncière et urbanisation anarchique.

Quels sont les impacts cumulés des crises à Goma ?

2 Les impacts cumulés des crises

Il y a comme impacts l'éruption volcanique de 2021, les invasions et l'insécurité ainsi que la Crise foncière et environnementale.

a) Éruption volcanique de 2021

- Plus de 400 000 personnes déplacées en 48h ;
- Destruction de routes, de réseaux d'eau et d'électricité ;
- Perte de logements et d'équipements publics.

Que dire des invasions et de l'insécurité ?

b) Invasions et insécurité

- Goma régulièrement encerclée par les forces du M23 (2022–2023) ;

- Tensions communautaires exacerbées, militarisation accrue de la vie civile.

Il y a aussi une crise foncière et environnementale.

c) Crise foncière et environnementale

- Urbanisation rapide sur sols volcaniques fragiles ;
- Déforestation, manque d'accès à l'eau, gestion des déchets quasi absente.

Au fait, il est question d'une résilience urbaine émergente comme je l'éclaire.

3 Une résilience urbaine émergente

Je parle des Initiatives communautaires et de la Coopération transfrontalière avec le Rwanda.

a) Initiatives communautaires

- Projet "Kivu Hub" : tiers-lieu communautaire pour jeunes (formation, coworking, arts) ;
- Collectifs d'urbanistes bénévoles (comme Goma Actif) : cartographie participative, planification de quartiers ;
- Femmes bâtisseuses : coopératives féminines reconstruisant des maisons écoresponsables en matériaux locaux.

Que dire de la coopération transfrontalière avec le Rwanda ?

b) Coopération transfrontalière avec le Rwanda

- Partage d'eau potable, d'électricité, d'infrastructures hospitalières ;
- Mobilité quotidienne Goma–Gisenyi (commerces, écoles, soins) ;
- Projet envisagé de zone économique binationale (suspendu pour raisons sécuritaires).

En quoi l'urbanisme participatif constitue un tournant ?

4 Urbanisme participatif : un tournant

Je signale les plans pilotes de reconstruction et de l' Éducation et culture.

a) Plans pilotes de reconstruction

- Le quartier Kyeshero, détruit lors de l'éruption, sert de laboratoire d'aménagement participatif ;
- Plan d'urbanisme post-volcanique (2022) élaboré avec la Banque mondiale, des ONG et les habitants ;
- Zones d'habitat repensées selon la sécurité volcanique, l'accessibilité et les réseaux.

Les lignes suivantes portent sur l'éducation et culture.

b) Éducation et culture

- Émergence d'écoles communautaires innovantes (école Pamoja, école du Lac) ;
- Goma Film Festival, Cine Club, centres de lecture publique ;
- La culture devient un outil de reconstruction mentale et sociale.

J'évoque les leçons pour une stratégie urbaine nationale.

5 Leçons pour une stratégie urbaine nationale

Il faut investir dans les villes post-crise, une gouvernance locale adaptée et intégrer la culture et la jeunesse.

a) Investir dans les villes post-crise

- La reconstruction d'une ville comme Goma a plus d'impact que des projets ponctuels d'aide humanitaire ;
- Besoin de fonds de résilience urbaine congolais, dotés pour reloger, planifier, reconstruire.

Que dire d'une gouvernance adaptée ?

b) Gouvernance locale adaptée

- Appuyer les mairies et les services techniques urbains (topographes, architectes, ingénieurs) ;
- Former un corps national d'urbanistes résilients mobilisables après chaque crise.

Il convient d'intégrer la culture et la jeunesse.

c) Intégrer la culture et la jeunesse

- Créer un fonds national culture et jeunesse pour les villes en reconstruction ;
- Soutenir les tiers-lieux culturels et numériques comme leviers de cohésion sociale.

Quelle comparaison établir avec Dubaï ?

6 Comparaison avec Dubaï

Critère	Dubaï post-crise pétrolière	Goma post-éruption / post-conflit
Risque majeur	Économique	Volcanique, sécuritaire
Réponse	Vision centralisée, infrastructure massive	Résilience communautaire, urbanisme participative
Soutien externe	Capitaux souverains, bailleurs du Golfe	ONG, Banque mondiale, diaspora
Capital humain	Architectes, planificateurs globaux	Jeunes locaux, culture engage

Conclusion

Goma est un symbole : celui d'un Congo qui, même blessé, reconstruit, imagine, invente. Une ville résiliente n'est pas une ville sans problème, mais une ville où l'énergie collective surpasse les catastrophes. Dans une stratégie nationale, Goma mérite un statut spécial, non pas seulement pour ses douleurs passées, mais pour son potentiel de modèle futur.

« Goma nous apprend qu'un quartier sans plan peut devenir un plan d'avenir, si ses habitants rêvent ensemble. » Le chapitre qui suit parle du Grand Inga – un géant endormi de l'énergie africaine.

Chapitre 23

Grand Inga – un géant endormi de l'énergie africaine

Introduction

Ces lignes ont pour matrice le Grand Inga – un géant endormi de l'énergie africaine. Le site d'Inga, sur le fleuve Congo, est mondialement reconnu pour son potentiel énergétique unique : jusqu'à 100 000 mégawatts exploitables, soit plus que la production combinée de la majorité des barrages d'Afrique subsaharienne. Pourtant, malgré les discours, projets, accords et espoirs, le Grand Inga reste en grande partie un rêve ajourné.

Ce chapitre explore les raisons du blocage, les enjeux géopolitiques, les risques, et surtout les conditions concrètes pour qu'un tel projet devienne le moteur d'un développement économique "à la Dubaï" -- tourné vers l'exportation, les infrastructures, et l'intégration régionale..

Projet Grand Inga : potentiel énergétique sous-exploité

- Thème : Énergie, diplomatie, PPP.
- Contexte : L'un des plus grands potentiels hydroélectriques au monde.
- Éléments clés :
  - Multiples versions de projets (Inga III, Grand Inga) ;
  - Intérêts chinois, sud-africains, européens ;
  - Défis politiques, sociaux et environnementaux.

Leçons : Nécessité de leadership stratégique et d'un pilotage clair.

J'évoque Inga comme un potentiel hydroélectrique inégale, l' historique du projet, les enjeux géopolitiques et économiques, les défis structurels, les leçons à tirer pour une relance crédible, l'inspiration Dubaï,

1 Inga : un potentiel hydroélectrique inégalé

Je parle de la localisation et des chiffres clés.

a) Localisation

- Situé dans la province du Kongo-Central, à 150 km à l'ouest de Kinshasa ;
- Le fleuve Congo, deuxième débit mondial après l'Amazone, y chute de 100 mètres sur 15 km.

Que dire des chiffres clés ?

b) Chiffres-clés

Caractéristique	Donnée
Débit moyen	42 000 m³/s
Capacité installée actuelle	~1 775 MW (Inga I et II)
Capacité visée (Grand Inga complet)	Jusqu'à 100 000 MW
Besoin total en RDC (2023)	Environ 4 000 MW

Que retenir de l'historique du projet ?

2 Historique du projet

- Inga I : inauguré en 1972 (351 MW), financé par la Banque mondiale ;
- Inga II : lancé en 1982 (1 424 MW), aujourd'hui partiellement fonctionnel ;
- Inga III : projet relancé plusieurs fois depuis les années 2000, sans aboutir ;
- Multiples tentatives de partenariats public-privé avec la Chine, l'Afrique du Sud, l'Espagne, le Brésil, etc.

Le point suivant évoque les enjeux géopolitiques et économiquesq ;

3 Enjeux géopolitiques et économiques

J'évoque l'exportation régionale, les appétits internationaux et la résistance locale.

a) Exportation régionale

- Projeté de vendre l'électricité à l'Afrique du Sud, au Nigéria, au Rwanda, au Botswana… via des lignes à haute tension ;
- Réseau d'interconnexion SAPP (Southern African Power Pool) en développement.

Que dire des appétit internationaux ?

b) Appétits internationaux

- Chine (China Three Gorges Corporation) : partenaire potentiel stratégique ;
- Allemagne et Union européenne : impliqués dans des études de faisabilité verte ;
- Émirats arabes unis : intérêt exprimé dans le cadre de leur diplomatie énergétique verte.

Il faut reconnaître une résistance locale.

c) Résistance locale

- Communautés locales concernées (village d'Inga, vallée de Bundi) :
    - Risque de déplacement de milliers d'habitants ;
    - Manque de consultation ;
    - Peur de voir l'électricité exportée sans bénéfice local.

Quels sont les défis structurels à relever?

4 Défis structurels

Il y a la gouvernance, le financement et l'absence des retombées locales.

a) Gouvernance

- Multiplicité des entités impliquées :
  - SNEL (Société nationale d'électricité)
  - ADPI (Agence pour le développement d'Inga)
  - Ministères sectoriels (Énergie, Finances, Environnement) ;
- Absence de pilotage stratégique unifié, d'où blocage des négociations.

Il a aussi le défi lié au financement.

b) Financement

- Besoin estimé pour Inga III : environ 14 milliards USD ;
- Risques jugés élevés par les investisseurs : insécurité juridique, volatilité politique, manque de garanties ;
- Faible capacité de l'État congolais à mobiliser du cofinancement local (fonds souverain inexistant).

Ce qu''il faut regretter, c'est l'insuffisance des retombées locales.

c) Retombées locales absentes

- Moins de 20 % des Congolais ont accès à l'électricité ;
- Les régions proches d'Inga (Bas-Fleuve, Matadi, Boma) souffrent paradoxalement de délestages fréquents.

Leçons à tirer pour une relance crédible

5 Leçons à tirer pour une relance crédible

Il convient de créer une « Inga authority », d'investir pour un modèle de financement innovant et le Principe : exporter + électrifier localement.

a) Créer une "Inga Authority"

- Une entité indépendante et apolitique, dotée d'une charte de gouvernance claire ;

- Autonomie financière, obligations de reporting, transparence des marchés.

Comment envisager un modèle de financement innovant ?

b) Modèle de financement innovant

- Emission d'obligations vertes congolaises, garanties par des recettes futures ;
- Accords tripartites : État – investisseurs – bailleurs multilatéraux (Banque africaine de développement, IFC, etc.) ;
- Inclusion de la diaspora et des fonds souverains africains (Rwanda, Angola, Maroc…).

Le point suivant a pour objet le Principe : exporter + électrifier localement.

c) Principe : exporter + électrifier localement

- Instaurer une obligation de réinvestissement d'une partie des exportations électriques dans l'électrification rurale et les services publics (hôpitaux, écoles) ;
- Déployer des mini-réseaux intelligents à partir des stations Inga I et II rénovées.

Inspiration Dubaï

6 Inspiration Dubaï

Élément	Dubaï	Grand Inga
Ressource stratégique	Pétrole puis finance/logistique	Énergie hydroélectrique
Usage	Exportation + diversification	Exportation seulement (actuelle)
Gouvernance	Zones franches avec lois autonomes	Projet fragmenté entre ministères
Vision long terme	Dubai 2021, puis 2071	Absente ou floue

Le Congo pourrait faire d'Inga le cœur d'un cluster énergétique africain, si la stratégie devient claire, stable et inclusive.

Conclusion

Le Grand Inga, c'est le miroir des contradictions congolaises : un potentiel colossal, mais un projet paralysé. Pourtant, dans un monde en quête d'énergie verte, le Congo pourrait se positionner comme une puissance énergétique propre, pour l'Afrique et au-delà. À condition de transformer l'ambition en institution, et l'institution en confiance.

« Le Congo ne manque pas de courant, il manque d'organisation. Grand Inga sera possible le jour où l'électricité circulera dans les villages avant de partir vers l'étranger. » Que dire de Bukanga-Lonzo – chronique d'un désastre agro-industriel ?

Chapitre 24

Bukanga-Lonzo – chronique d'un désastre agro-industriel

Introduction

Ce chapitre retrace le projet de Bukanga-Lonzo – chronique d'un désastre agro-industriel.

Lancé avec faste en 2014, le Parc Agro-Industriel de Bukanga-Lonzo devait transformer la RDC en grande puissance agricole. En partenariat avec une entreprise sud-africaine, le projet visait à réduire les importations alimentaires, créer des milliers d'emplois, et fournir la capitale Kinshasa en produits locaux à bas coût. Mais à peine quatre ans plus tard, le projet s'effondrait, laissant derrière lui dettes, friches, silences, et une enquête judiciaire inachevée.

Ce chapitre revient sur les causes profondes de cet échec, ses implications pour la gouvernance congolaise, et les pistes pour éviter qu'un "modèle Dubaï" congolais ne se construise sur du sable.

Le projet Bukanga-Lonzo : échec d'un rêve agroindustriel

- Thème : Agriculture, gouvernance, transparence.
- Contexte : Grand projet d'agro-industrie censé nourrir Kinshasa, abandonné.
- Éléments clés :
    - Montage financier opaque ;
    - Manque de planification logistique ;
    - Faible implication locale.

Leçons : L'importance d'une gouvernance rigoureuse et d'un ancrage territorial.

J'évoque l'historique du projet, les promesses, la chronologie de l'effondrement , les raisons de l'échec, les conséquences et les leçons à tirer pour un véritable développement et la comparaison avec Dubaï.

1 Historique du projet

- Localisation : territoire de Kenge, province de Kwango (ex-Bandundu), à environ 260 km de Kinshasa ;
- Partenaires initiaux :
  - o Gouvernement congolais (Ministère de l'Agriculture, Bureau Central de Coordination – BCECO)
  - o Entreprise sud-africaine AFRICOM Commodities ;
- Objectifs annoncés :
  - o Mise en valeur de 80 000 hectares
  - o Production massive de maïs, manioc, soja, viande, etc.
  - o Infrastructures : silos, routes, pistes d'aviation, systèmes d'irrigation, zones résidentielles.

Que dire des promesses de ce projet ?

2 Les promesses

- Réduire les importations de denrées de base (plus de 1,5 milliard USD/an à l'époque) ;
- Créer plus de 3 000 emplois permanents ;
- Former une main-d'œuvre agricole locale moderne ;
- Exporter à terme vers d'autres pays de la région.

Quelle est la chronologie de l'effondrement ?

3 Chronologie de l'effondrement

Année	Événement
2014	Inauguration officielle par le Président Kabila

Année	Événement
2015	Premières productions (maïs, soja), résultats encourageants
2016	Retard dans la livraison de matériel, conflits de gestion
2017	AFRICOM quitte discrètement le projet, paiement des salaires suspendu
2018	Projet arrêté, installations à l'abandon
2020	Rapport de l'Inspection Générale des Finances (IGF) : plus de 280 millions USD détournés ou mal utilisés

Que retenir des raisons de l'échec ?

4 Raisons de l'échec

Parmi les raisons de l'échec, je cite une gouvernance floue et opaque, un mauvais choix technique et logistique, la corruption et la surfacturation et l'absence d'ancrage local.

a) Gouvernance floue et opaque

- Aucune structure indépendante de gestion : pilotage direct par la Présidence ;
- Mélange entre public et privé sans transparence contractuelle ;
- Absence de comité de suivi externe, d'évaluations trimestrielles, ou d'indicateurs publics.

Il y a des mauvais choix techniques et logistiques à souligner..

b) Mauvais choix techniques et logistiques

- Zone peu adaptée aux cultures intensives sans infrastructure hydraulique adéquate ;
- Matériel importé inadapté aux réalités locales ;
- Coût de transport vers Kinshasa élevé, rendant les prix non compétitifs.

Il y a la corruption et la surfacturation à soulever.

c) Corruption et surfacturation

- Détournements massifs de fonds publics révélés par les audits ;
- Infrastructures construites à prix gonflés ou jamais achevées ;
- Manque de contrôle parlementaire ou judiciaire effectif.

Il faut surtout regretter l'absence d'ancrage local.

d) Absence d'ancrage local

- Populations locales non consultées, déplacées sans accompagnement ;
- Aucun effort de transfert de compétences aux agriculteurs congolais ;
- Échec à créer une chaîne logistique et commerciale locale.

Quelles conséquences retenir ?

5 Conséquences

- Pertes budgétaires massives : plus de 300 millions USD engloutis sans impact mesurable ;
- Méfiance accrue des bailleurs envers les projets agro-industriels en RDC ;
- Déclassement du site, devenu une friche inaccessible, objet de convoitises foncières ;
- Un symbole du gaspillage d'opportunités agricoles dans un pays fertile.

Quelles les leçons à tirer pour un développement véritable ?

6 Leçons à retenir pour un vrai modèle de développement

Comme leçons à retirer, le développement implique la transparence, il faut penser territoire pas seulement projet et définir une stratégie agricole nationale claire.

a) Pas de développement sans transparence

- Tout projet majeur doit être soumis à un audit annuel indépendant ;

- Publication des contrats, des partenaires, des budgets, des objectifs ;

Il convient de penser territoire et pas seulement projet.

b) Penser "territoire", pas seulement "projet"

- Associer les chefferies locales, les ONG agricoles, les écoles de formation dès la conception ;
- Mettre en place une approche intégrée : agriculture + routes + marchés + éducation + santé.

Il est indispensable d'avoir une stratégie agricole nationale claire.

c) Définir une stratégie agricole nationale claire

- Identifier 5 à 10 zones agro-industrielles par région, selon les potentiels écologiques réels ;
- Encourager des partenariats public–privé transparents, avec participation citoyenne ;
- Favoriser les petites et moyennes exploitations locales mécanisées, plutôt que des méga-parcs isolés.

J'évoque au point suivant la comparaison avec Dubaï.

7 Comparaison avec Dubaï

Élément	Dubaï	Bukanga-Lonzo
Vision	Clarté stratégique sur 30 ans	Opportunisme politique immédiat
Gouvernance	Entités autonomes, accountability	Contrôle opaque, personnalisation
Résultat	Infrastructures rentables	Dépenses sans rendement
Durabilité	Diversification assure	Projet abandonné en 3 ans

Conclusion

Bukanga-Lonzo restera comme un avertissement, un cas d'école sur ce qu'il ne faut plus faire : développer sans ancrage, sans transparence, sans réalisme. C'est aussi un rappel : le potentiel agricole du Congo est immense, mais il ne suffit pas de l'invoquer. Il faut le structurer, l'organiser, et l'incarner par des institutions crédibles.

« Le scandale de Bukanga-Lonzo n'est pas l'ambition. C'est l'absence de méthode. »

Que dire des partenariats public–privé – un levier structurant pour la reconstruction ?

Chapitre 25

Les partenariats public–privé – un levier structurant pour la reconstruction

Introduction

Ce cjapitre a pour matrice les partenariats public–privé – un levier structurant pour la reconstruction.

Aucune stratégie de reconstruction moderne ne peut s'appuyer uniquement sur l'État. Et aucun secteur privé sérieux ne peut investir massivement sans cadre, stabilité et confiance. C'est pour cela que les partenariats public–privé (PPP) sont devenus des instruments clés du développement dans les pays émergents.

Ce chapitre explore les fondements, les conditions de succès, les exemples concrets et les limites des PPP dans le contexte congolais, en s'inspirant de l'expérience de Dubaï, mais aussi d'autres pays africains.

J'éclaire la compréhension du PPP, l'expérience de Dubaï, la Situation actuelle en RDC, les conditions de succès pour la RDC, les risques à éviter. La question à soulever est celle de savoir vers un modèle congolais de PPP ?

1 Qu'est-ce qu'un PPP ?

Je parle de la définition et du domaine d'application.

a) Définition

Un PPP est un accord à long terme entre une autorité publique et une entité privée, dans lequel le secteur privé conçoit, finance, construit, exploite un service ou une infrastructure publique, en échange d'une rémunération ou d'un droit d'exploitation.

Quels sont les domaines d'application du PPP ?

b) Domaines d'application

- Infrastructures (routes, ports, hôpitaux, écoles, aéroports)

- Énergie (centrales, réseaux de distribution)
- Agriculture (zones agro-industrielles)
- Numérique (réseaux fibre, plateformes e-gouvernance)
- Tourisme et zones économiques spéciales

Que dire de l'expérience de Dubaï ?

2 L'expérience de Dubaï

J'évoque les zones franches, les services publics et les résultats.

a) Zones franches

- Création d'entités comme Jebel Ali Free Zone, gérées par des PPP avec grandes entreprises ;
- Modèle : l'État fournit le foncier, la régulation, les garanties ; le privé finance et opère.

b) Services publics

- Construction et gestion de routes, tunnels, métros par des consortiums privés rémunérés sur péage ;
- L'État garde un droit de régulation, mais délègue l'exécution.

c) Résultats

- Réduction des charges publiques
- Accélération des projets
- Innovation dans les services (smart cities, logistique, énergie solaire)

Que dire de la situation actuelle en RDC ?

3 Situation actuelle en RDC

La situation actuelle de la R.D.Congo est dominée par la faible culture du PPP comme le montrent les exemples concrets.

a) Faible culture du PPP

- Absence de cadre juridique spécifique : loi sur les PPP longtemps en attente (adoptée en 2022 mais encore peu appliquée) ;
- Projets souvent négociés de gré à gré, sans appel d'offres transparent ;
- Confusion entre PPP et privatisation opaque.

Quels sont les exemples à l'appui ?

b) Exemples concrets

Projet	Type de PPP	État d'avancement
Projet Inga III (énergie)	PPP envisagé avec Chine et Afrique du Sud	Bloqué
Marché central de Kinshasa	Concession construction–exploitation	En cours
Voie de péage Kinshasa–Matadi	PPP chinois avec péage	Fonctionnel mais controversé
Parc agro-industriel Bukanga-Lonzo	Pseudo-PPP	Échec complet

Les lignes suivantes portent sur les conditions de succès pour la RDC.

4 Conditions de succès pour la RDC

Le succès repose sur le choix d'un cadre juridique clair et stable, le partage équilibré des risques, la concertation locale ; le suivi et l'évaluation.

a) Cadre juridique clair et stable

- Application stricte de la Loi sur les PPP :
  - Procédures d'appel d'offres
  - Comité de sélection indépendant

○ Obligations de performance et transparence

Il faut un partage équilibré des risques.

b) Partage équilibré des risques

- Le privé supporte les risques de construction, d'exploitation, de financement ;
- L'État garantit l'environnement réglementaire et fiscal, sans céder le contrôle stratégique.

Encourager une concertation locale.

c) Concertation locale

- Inclusion des communautés impactées dès la phase de conception ;
- Accords de retombées locales obligatoires (emplois, infrastructures sociales, environnement).

Il y a l'obligation du suivi et de l'évaluation.

d) Suivi et évaluation

- Création d'une Cellule nationale des PPP autonome ;
- Publication annuelle des performances des projets ;
- Possibilité de sanctions ou renégociation en cas de non-respect des clauses.

Quels sont les risques à éviter ?

5 Risques à éviter

- Captation des projets par des élites : accords opaques favorisant des intérêts privés proches du pouvoir ;
- Fuite de valeur : contrats déséquilibrés où la majeure partie des recettes partent à l'étranger ;
- Absence de mécanismes de sortie : projets bloqués sans clauses de résiliation.

La question à soulever est celle de savoir vers un modèle congolais de PPP ?

6 Vers un modèle congolais de PPP ?

Il faut un PPP de proximité, une banque congolaise de développement et les chartes sectorielles.

a) PPP de proximité

- Encourager les PPP locaux : hôpitaux publics en province, routes secondaires, écoles communautaires ;
- Incitations pour investisseurs nationaux et diaspora.

Je propose la création d' une banque congolaise de développement.

b) Banque congolaise de développement (BCD)

- Créer une institution financière publique mixte capable de co-investir avec le privé dans les PPP ;
- Mobiliser des ressources via la diaspora, les partenaires africains et les marchés financiers.

Je propose aussi dles chartes sectorielles.

c) Chartes sectorielles

- Élaborer des "chartes PPP" par secteur (santé, éducation, routes) avec objectifs, règles, et seuils d'impact ;
- Exemple : 1 dollar investi en PPP = X emplois locaux, Y % de contenu congolais.

Conclusion

Les PPP ne sont pas une panacée, mais un outil moderne de construction de l'État, lorsqu'ils sont bien encadrés. Pour la RDC, ils représentent une voie de transition entre la fragilité publique et la souveraineté économique. Inspiré de Dubaï, le modèle congolais doit cependant être adapté à la diversité territoriale, aux réalités sociales, et aux urgences nationales. Que dire de la ?

« Un bon PPP ne remplace pas l'État. Il le renforce. À condition que l'État sache ce qu'il veut. » Que dire de la diaspora congolaise – un capital dormant à réveiller ?

Chapitre 26

La diaspora congolaise – un capital dormant à réveiller

Introduction

Ce chapitre a pour pierre de touche la diaspora congolaise – un capital dormant à réveiller

Plus de 5 millions de Congolais vivent hors de la République Démocratique du Congo, principalement en Afrique centrale, en Europe, en Amérique du Nord et dans les pays du Golfe. Cette diaspora, parfois marginalisée dans les politiques publiques, constitue pourtant l'un des plus grands atouts invisibles du Congo.

Ce chapitre analyse les forces, faiblesses, et leviers mobilisables de cette diaspora dans une stratégie de reconstruction à la Dubaï, où les talents extérieurs participent activement à la prospérité intérieure.

Diaspora et retour productif : cas d'entrepreneurs revenus au pays

- Thème : Mobilisation des compétences externes.
- Contexte : Nombre croissant de Congolais de la diaspora créant des entreprises locales.
- Exemples :
    - MedTech, énergie solaire, éducation digitale ;
    - Parcours d'expatriés devenus leaders au pays ;
    - Obstacles administratifs et opportunités.

Leçons : La diaspora est un pont stratégique – à condition de lever les barrières.

- Je parle de la composition de la diaspora, la contributions actuelles, Faiblesses du lien État – diaspora, les stratégies pour une mobilisation efficace, les exemples inspirants, l'intégration dans le modèle Dubaï.

1 Qui compose la diaspora congolaise ?

Il s'agit de la répartition géographique et les profils dominants.

a) Répartition géographique

Région	Effectif estimé
Europe (Belgique, France, Royaume-Uni)	~2,2 millions
Afrique (Angola, Afrique du Sud, Rwanda, Zambie)	~1,5 million
Amérique du Nord (Canada, USA)	~800 000
Moyen-Orient et Asie	~300 000

Quels sont les profils dominants ?

b) Profils dominants

- Travailleurs manuels et commerçants (Belgique, France, Afrique centrale)
- Professionnels qualifiés : médecins, ingénieurs, chercheurs, juristes
- Jeunes diplômés en reconversion (notamment au Canada, en Allemagne, au Royaume-Uni)
- Entrepreneurs, artistes, influenceurs actifs dans l'économie digitale ou culturelle

Que dire des contributions actuelles ?

2 Contributions actuelles

Ce point porte sur les transferts du fonds, le soutien familial et Communautaire et la Mobilisation politique.

a) Transferts de fonds

- En 2023, la diaspora a envoyé plus de 1,2 milliard USD vers la RDC (source : Banque centrale) ;
- Ces transferts sont supérieurs à l'aide publique au développement annuelle reçue par le pays.

Que dire du Soutien familial et Communautaire ?

b) Soutien familial et communautaire

- Financement de scolarités, soins médicaux, projets immobiliers ;
- Construction d'églises, hôpitaux de quartier, coopératives agricoles ;
- Parfois aussi : envoi de matériel médical, livres, ordinateurs.

Il faut une mobilisation politique.

c) Mobilisation politique

- Rôle actif dans les luttes pour la démocratie, la justice, la transparence ;
- Diaspora souvent moteur des manifestations, campagnes numériques, plaidoyers internationaux.

Quelles sont les faiblesses du lien État – diaspora ?

3 Faiblesses du lien État – diaspora

- Absence de statut officiel : la diaspora n'a pas de représentation structurée ;
- Faible accès à la nationalité congolaise pour les binationaux ;
- Méfiance réciproque : l'État perçoit la diaspora comme critique ; la diaspora perçoit l'État comme opaque ;
- Aucune stratégie publique coordonnée pour mobiliser le potentiel diaspora.

Quelles stratégies mettre en œuvre pour une mobilisation efficace ?

4 Stratégies pour une mobilisation efficace

Il faut créer une Agence nationale de la diaspora congolaise, émettre des "obligations diaspora" et valoriser les talents de la diaspora.

a) Créer une Agence nationale de la diaspora congolaise

- Rôle : recensement, information, orientation, investissements, médiation ;
- Guichet unique digitalisé pour services consulaires, projets, retours volontaires.

Il faut aussi émettre des "obligations diaspora".

b) Émettre des "obligations diaspora"

- Bons du Trésor spécifiques pour les Congolais de l'étranger, adossés à des projets visibles :
    - centrales solaires
    - écoles numériques
    - hôpitaux publics
- Rendement modéré, mais sécurisé par un fonds de garantie.

Il convient de valoriser les talents de la diaspora.

c) Valoriser les talents de la diaspora

- Création de pôles d'excellence dans chaque continent, en lien avec les universités congolaises ;
- Organisation de "Congrès du retour" : forums annuels d'investissement et de transfert de compétences ;
- Mobilisation des diasporas scientifiques, médicales, et numériques pour la formation locale.

Quels sont les exemples à évoquer ?

5 Les exemples inspirants

Il s'agit du Rwanda, de l'"Ethiopie et de la Tunisie.

a) Rwanda

- Mise en place d'un fonds souverain appuyé par sa diaspora ;
- Intégration de la diaspora dans la fonction publique et les universités.

Il y a aussi l'Ethiopie à signaler.

b) Éthiopie

- Programme de retour temporaire de médecins de la diaspora pour renforcer les hôpitaux publics.

Je parle enfin de la Tunisie.

c) Tunisie

- Création de zones franches numériques à destination des startups dirigées par des Tunisiens de l'étranger.

Je propose une intégration dans le modèle Dubaï

6 Intégration dans le modèle Dubaï

Élément	Dubaï	Congo (potentiel)
Diaspora structure	Communauté internationale mobilisée pour le pays	Non structurée mais dense
Mécanismes	Fonds souverain, zones d'accueil, visas investisseurs	À créer
Vision	Attirer compétences et capitaux	Peu claire à ce jour
Liens	Logique d'écosystème Mondial	Diaspora dispersée et déconnectée

Conclusion

La diaspora congolaise est plus qu'un portefeuille : c'est une intelligence collective dispersée, formée, riche d'expériences et prête à contribuer. À condition qu'on l'écoute, qu'on l'inclue, et qu'on lui offre des mécanismes fiables. Comme l'ont fait Dubaï, l'Inde ou le Rwanda, la RDC doit passer du lien émotionnel au partenariat stratégique.

« La diaspora congolaise est une province invisible. Elle n'a pas besoin d'être ramenée — elle doit être intégrée. » Il est important de valoriser les Villes secondaires – les futurs moteurs du développement équilibré.

Chapitre 27

Villes secondaires – les futurs moteurs du développement équilibré

Introduction

Ce chapitre soutient l'émergences des villes secondaires comme futurs moteurs du développement équilibré.

. Le Congo est l'un des pays les plus vastes d'Afrique, mais son développement reste ultra-concentré : Kinshasa capte l'attention, les ressources, les services, et les investissements. Or, comme le montre le cas de Dubaï, un pays ne se construit pas sur une seule ville, mais sur un réseau de pôles dynamiques interconnectés.

Ce chapitre analyse le potentiel transformateur des villes secondaires congolaises, leurs contraintes actuelles, et les politiques nécessaires pour en faire de véritables accélérateurs de modernisation territoriale.

Je définie les villes secondaires ; je relève les problèmes majeurs des villes secondaires congolaises ; les raisons pour lesquelles il faut miser sur les villes secondaires ; les leçons de Dubaï : multiplier les pôles stratégiques ; les politiques publiques à mettre en place ;

1 Qu'est-ce qu'une ville secondaire ?

Après la définition d'une ville secondaire, j'en donne quelques exemples.

a) Définition

Une ville secondaire est une agglomération intermédiaire, ni capitale ni grande métropole, mais dotée d'un rôle économique, administratif ou stratégique régional. Je donne quelques exemples dans les lignes suivantes.

b) Exemples en RDC

Province	Ville secondaire	Spécificité
Kasaï	Tshikapa	carrefour minier et frontalier
Ituri	Bunia	centre administratif et minier
Haut-Katanga	Likasi	ville minière en transition
Nord-Kivu	Beni, Butembo	pôles commerciaux, agricoles
Kwilu	Kikwit	hub agricole et de transport

Quels sont les problèmes majeurs des villes secondaires congolaises ?

2 Problèmes majeurs des villes secondaires congolaises

Comme problèmes il y a l'isolement, le Sous-investissement chronique et la pression démographique et foncière..

a) Isolement

- Infrastructures routières délabrées ;
- Faible connectivité aérienne ou numérique.

Je cite aussi le sous-investissement chronique

b) Sous-investissement chronique

- Faible présence bancaire, hospitalière ou universitaire ;
- Absence d'industrie locale durable.

Je cite en outre la pression démographique et foncière.

c) Pression démographique et foncière

- Croissance rapide sans planification ;
- Urbanisation informelle, services publics défaillants.

Pourquoi miser sur elles ?

3 Pourquoi miser sur elles ?

Il est important de réduire la pression sur Kinshasa, de stimuler les économies régionales et de renforcer la cohésion nationale.

a) Réduire la pression sur Kinshasa

- Développement polycentrique = désengorgement démographique et administratif.

Il faut aussi stimuler les économies régionales.

b) Stimuler les économies régionales

- Encourager des micro-clusters économiques : agriculture, artisanat, logistique, tourisme.

Il convient de renforcer la cohésion nationale.

c) Renforcer la cohésion nationale

- Villes secondaires comme points d'équilibre et de pacification régionale ;
- Mieux ancrées dans leurs territoires que les capitales régionales déconnectées.

Les lignes ci-dessous portent sur les leçons de Dubaï : multiplier les pôles stratégiques.

4 Leçons de Dubaï : multiplier les pôles stratégiques

Je parle de Dubaï, Sharjah, Ras Al Khaimah et du modèle à adapter au Congo.

a) Dubaï, Sharjah, Ras Al Khaimah…

- Les Émirats ont organisé leur développement autour de plusieurs pôles fonctionnels :
  - Dubaï : finance, logistique
  - Abu Dhabi : pétrole, diplomatie
  - Sharjah : culture, éducation
  - Ajman et Fujairah : tourisme, ports

Quel est le Modèle à adapter au Congo ?

b) Modèle à adapter au Congo

Ville congolaise	Rôle potentiel
Mbuji-Mayi	Centre de traitement diamantifère moderne
Kalemie	Pôle portuaire pour le Tanganyika et la Zambie
Gbadolite	Cité agro-industrielle expérimentale
Isiro	Base régionale pour la biodiversité et le tourisme scientifique
Bandundu	Centre pilote d'énergie solaire et hydrique

Quelles sont les politiques publiques à mettre en place ?

5 Politiques publiques à mettre en place

Je propose le Fonds d'aménagement urbain régional, La création des fonds d'aménagement urbain régional et Décentralisation effective.

a) "Programme 15 villes secondaires"

- Plan quinquennal ciblé sur 15 villes stratégiques selon des critères :
  - Position géographique
  - Potentiel économique
  - Rôle administratif ou historique

Je propose la création des fonds d'aménagement urbain regional.

b) Fonds d'aménagement urbain régional

- Création d'un fonds mixte (État, bailleurs, PPP) pour infrastructures :
  - Voiries, réseaux d'eau, électricité, fibre optique
  - Marchés, entrepôts, zones industrielles

Il faut une décentralisation effective.

c) Décentralisation effective

- Renforcer le pouvoir des mairies : budget propre, fiscalité locale, équipes techniques ;
- Former une élite urbaine locale : ingénieurs, architectes, urbanistes, statisticiens.

Quels sont les indicateurs de succès ?

6 Indicateurs de succès

- Taux d'emploi local formel en hausse
- Accès aux services essentiels (eau, santé, éducation) amélioré
- Développement d'au moins un cluster économique par ville
- Stabilisation démographique et ralentissement de l'exode rural

Conclusion

Les villes secondaires sont la clé du développement inclusif et territorialement équilibré de la RDC. Le modèle Dubaï enseigne que la centralisation peut être un tremplin, mais le polycentrisme est une assurance. Développer Likasi, Kalemie, Tshikapa ou Beni, cst construire le Congo d'en bas, celui des réalités locales, des identités fortes, et des innovations silencieuses.

« Le futur du Congo ne se jouera pas seulement à Kinshasa. Il se jouera dans 100 villes moyennes prêtes à grandir. » Que retenir de la gouvernance numérique et villes intelligentes – le Congo dans l'ère digitale ?

Chapitre 28

Gouvernance numérique et villes intelligentes – le Congo dans l'ère digitale

Introduction

Ces lignes portent sur la gouvernance numérique et villes intelligentes – le Congo dans l'ère digitale.

Le 21e siècle est celui de la numérisation des services publics, de la planification urbaine intelligente, et de la transparence par la technologie. Dubaï est aujourd'hui une référence mondiale en matière de "smart governance" grâce à sa stratégie "Smart Dubai 2021". Le Congo, bien que très en retard, possède une jeunesse numérique dynamique, une diaspora tech active, et une volonté politique naissante.

Ce chapitre explore comment bâtir une gouvernance numérique congolaise crédible, sécurisée, et inclusive, et comment les villes peuvent devenir des laboratoires d'innovation civique et urbaine.

J'évoque le concept de "smart city", la situation de la RDC, ce que Dubaï a réussi, la stratégie numérique pour la RDC, les obstacles et les solutions et le numérique comme arme contre la corruption.

1 Le concept de "smart city"

Après la définition du concept smart city", j'en présente les composantes.

a) Définition

Une ville intelligente est une ville qui utilise les technologies numériques pour améliorer la qualité de vie, optimiser les services publics et réduire les coûts de gestion.

Quelles sont les composantes du concept smart city"?

b) Composantes d'une smart city

- Administration numérique (e-government)
- Infrastructures intelligentes (réseaux d'électricité, transport, eau)
- Services interactifs (paiements mobiles, téléservices, alertes)
- Participation citoyenne numérique (plateformes de plainte, consultation)
- Gestion des données urbaines en temps réel

Où en est la RDC ?

2 Où en est la RDC ?

J'évoque la faible digitalisation de l'État, le Décrochage technologique urbain et quelques initiatives positives.

a) Faible digitalisation de l'État

- Administration majoritairement papier ;
- Accès limité à Internet dans les bureaux publics ;
- Services de base non numérisés (naissance, impôts, éducation, santé).

Il y a aussi le décrochage technologique urbain.

b) Décrochage technologique urbain

- Les grandes villes (Kinshasa, Lubumbashi, Goma) manquent de systèmes de transport intelligents, de cartographie numérique, ou de réseaux urbains connectés.

Il y a quelques initiatives positives à souligner.

c) Quelques initiatives positives

- Projet "eJustice" (numérisation de procédures judiciaires)
- Registre national de la population (RGPH) en cours de digitalisation

- Émergence de startups congolaises en e-commerce, mobile banking, santé numérique

Qu'est-ce que Dubaï a réussi

3 Ce que Dubaï a réussi

Dubaï a réussi une administration "paperless", des données ouvertes et tableaux de bord urbains ainsi que le partenariat public–privé technologique.

a) Administration "paperless"

- Objectif atteint : zéro papier dans l'administration publique en 2021 ;
- Services publics accessibles entièrement en ligne (permis, amendes, impôts, documents).

Je cite aussi des données ouvertes et tableaux de bord urbains.

b) Données ouvertes et tableaux de bord urbains

- Mise en place d'un "Dubai Pulse" : tableau de bord public et interactif sur la circulation, la pollution, les budgets, etc.

Je pense aussi au partenariat public–privé technologique.

c) Partenariat public–privé technologique

- Coopération avec Microsoft, SAP, Huawei, etc., pour fournir des plateformes sécurisées ;
- Cadre légal renforcé sur la cybersécurité, la souveraineté des données et la vie privée.

Quelle est la stratégie numérique pour la RDC ?

4 Stratégie numérique pour la RDC

J'évoque axe 1 : Créer une Agence nationale de la transformation digitale, l'axe 2 : Numérisation des 5 services de base ,et l'axe 3 : Investir dans les "villes pilotes numériques".

a) Axe 1 : Créer une Agence nationale de la transformation digitale

- Autonome, rattachée à la Présidence ou au Premier Ministre ;
- Mandat : stratégie, coordination, cybersécurité, partenariats.

L' Axe 2 concerne la numérisation des 5 services de base

b) Axe 2 : Numérisation des 5 services de base

1. État civil (naissance, décès, carte nationale biométrique)
2. Fiscalité (impôts, cadastre, taxes locales)
3. Éducation (registre numérique des élèves, diplômes électroniques)
4. Santé (dossiers médicaux centralisés)
5. Justice (casier judiciaire, suivi des procédures en ligne)

Que retenir de l' Axe 3 : Investir dans les "villes pilotes numériques" ?

c) Axe 3 : Investir dans les "villes pilotes numériques"

- Sélection de 3 à 5 villes secondaires comme laboratoires (ex : Goma, Mbandaka, Kikwit) ;
- Mise en place de Wi-Fi public, fibre optique, plateformes numériques locales, caméras de surveillance urbaine intelligentes.

Quels sont les obstacles et solutions?

5 Obstacles et solutions

Obstacle	Solution
Faible couverture reseau	Étendre les partenariats avec opérateurs télécoms

Obstacle	Solution
Résistance bureaucratique	Former des “agents digitaux” dans chaque ministère
Coût des équipements	Recours à des donateurs technologiques (Ex : Huawei, USAID, PNUD)
Analphabétisme numérique	Déploiement de Maisons du numérique dans les provinces
Cybersécurité	Adopter une loi sur la protection des données et cybercriminalité

Ce qu’il faut bien voir, le numérique est comme arme contre la corruption.

6 Le numérique comme arme contre la corruption

- Paiements automatisés = moins d’intermédiaires ;
- Traçabilité des procédures = moins de manipulation de dossiers ;
- Plateformes d’alerte citoyenne = plus de contrôle citoyen sur les abus.

Conclusion

Le Congo n’a pas à copier Dubaï, mais à s’en inspirer pour penser un modèle numérique adapté à ses réalités. En intégrant ses jeunes développeurs, sa diaspora tech, ses start-ups innovantes et ses villes émergentes, le pays peut devenir un leader africain de la gouvernance digitale inclusive.

« Un pays qui contrôle ses données contrôle son avenir. Le Congo a besoin de villes intelligentes, mais surtout d’un État intelligent. » Pour une diplomatie économique, il faut repositionner le Congo dans le jeu mondial

Chapitre 29

La diplomatie économique – repositionner le Congo dans le jeu mondial

Introduction

Ce chapitre a pour matrice la responsabilisation de la République Démocratique du Congo pour une diplomatie économique dans le jeu mondial .

L'image d'un pays à l'extérieur influence son attractivité, ses partenariats, ses flux d'investissements et même la perception de ses produits. Dubaï l'a compris tôt : en misant sur des accords commerciaux, des foires internationales, des hubs logistiques, elle est devenue incontournable, bien au-delà de sa superficie.

La RDC, souvent présentée comme « géant endormi », reste prisonnière d'un narratif humanitaire ou sécuritaire. Ce chapitre propose un tournant stratégique vers une diplomatie économique proactive, orientée vers les investissements, le commerce, les diasporas et les chaînes de valeur mondiales.

Il s'agit de la compréhension de la diplomatie économique, le cas Dubaï : une diplomatie commerciale agressive, les limites actuelles de la RDC, les 7 axes de diplomatie économique pour la RDC, les indicateurs de suivi

1 Comprendre la diplomatie économique

Après la définition de la diplomatie économique, j'évoque les trois piliers indispensables.

a) Définition

C'est l'ensemble des actions extérieures menées par un État pour promouvoir ses intérêts économiques, attirer des investissements, ouvrir des marchés à ses produits, et favoriser les entreprises nationales à l'international.

Quels sont les trois piliers indispensables à mon sens ?

b) Trois piliers

1. Promotion de l'investissement étranger direct (IED)
2. Accès aux marchés pour les exportations congolaises
3. Soutien aux entreprises congolaises à l'étranger

Du cas Dubaï comme une diplomatie commerciale agressive

2 Le cas Dubaï : une diplomatie commerciale agressive

La diplomatie commerciale de Dubaï consiste à faire des ambassades des bureaux commerciaux, avec une neutralité utile et le Hub de négociation international.

a) Ambassades = bureaux commerciaux

- Chaque ambassade de Dubaï agit aussi comme guichet d'affaires :
  - Promotion de zones franches
  - Organisation de foires sectorielles
  - Accueil personnalisé pour investisseurs

Il y a aussi une neutralité utile à signaler.

b) Neutralité utile

- Dubaï mise sur une neutralité géopolitique qui attire les capitaux (des USA, de la Chine, de l'Iran, de l'Afrique) sans blocage.

Je signale le Hub de négociation international.

c) Hub de négociation internationale

- Siège de nombreuses conférences : COP, Expo, World Government Summit, forums de start-ups africaines.

Quelles sont les limites actuelles de la RDC ?

3 Limites actuelles de la RDC

- Diplomatie essentiellement politique ou sécuritaire (ONU, accords de paix, médiations) ;

- Faible capacité de négociation commerciale bilatérale ou régionale ;
- Ambassades peu formées aux enjeux économiques ;
- Absence de narratif économique structuré à l'international.

Que faire ? 7 axes de diplomatie économique pour la RDC ?

4 Les 7 axes de diplomatie économique pour la RDC

1. Créer une Direction générale de la diplomatie économique (au ministère des Affaires étrangères)

- Mandat : coordonner les investissements, les foires, les partenariats, les pavillons RDC à l'étranger.

2. Former les diplomates au business international

- Modules en partenariat avec l'OIF, BAD, ITC, écoles de commerce africaines.

3. Faire des ambassades des "business hubs"

- Personnel dédié aux affaires et à la diaspora entrepreneuriale ;
- Publication annuelle d'un "Rapport économique pays par pays" par les ambassades.

4. Lancer la "Marque Congo"

- Campagne nationale pour valoriser l'image du pays :
  - "Congo, la puissance verte"
  - "Congo, cœur du cuivre propre"
  - "Congo, destination d'investissement minier responsable"

5. Organiser une foire économique internationale RDC tous les 2 ans

- Alternance entre Kinshasa, Lubumbashi, Goma, Mbuji-Mayi ;

- Plateforme de visibilité des entreprises congolaises (BTP, numérique, agro, logistique).

6. Nouer des accords commerciaux ciblés

- Négociation d'accords de libre-échange bilatéraux ou sectoriels avec :
  - Pays de la région (Zambie, Angola, Kenya, Afrique du Sud)
  - Blocs asiatiques (ASEAN, EAU, Chine)
  - Lobbies européens (industries vertes, technologies de transition)

7. Impliquer la diaspora entrepreneuriale

- Création d'un Réseau mondial des Entrepreneurs Congolais à l'étranger (REMECO) ;
- Incitations fiscales pour les projets d'investissement issus de la diaspora.

Quels sont les indicateurs de suivi ?

5 Indicateurs de suivi

Objectif	Indicateur	Cible 2030
Investissements étrangers directs	Montant annuel	>5 milliards USD
Part de produits congolais hors minerais	% des exportations	20 %
Classement Doing Business	Rang	Top 100
Nombre d'accords économiques signés	Accords actifs	30
Nombre d'ambassades avec cellule économique	%	80 %

Conclusion générale
Pour un Congo qui ose et qui bâtit

Ce livre est une invitation à rompre avec l'improvisation chronique, le fatalisme politique et l'immobilisme administratif qui paralysent la République Démocratique du Congo depuis trop longtemps. Il s'agit d'un appel à la lucidité et au courage. Lucidité pour reconnaître que les modèles anciens ont échoué. Courage pour en bâtir de nouveaux, adaptés, audacieux et résolument orientés vers les résultats.

Le "modèle Dubaï" n'est pas une recette magique. Il n'est pas transposable mécaniquement. Mais il constitue une source d'inspiration puissante, un repère stratégique, une preuve que la transformation radicale d'un territoire est possible, même dans un environnement hostile, à condition de s'y engager pleinement.

À travers l'analyse de ses leviers fondamentaux – vision stratégique, gouvernance centralisée, investissements massifs, attractivité économique, innovation territoriale, diplomatie économique – nous avons tenté d'en extraire les enseignements les plus pertinents pour le contexte congolais. Chaque chapitre de cet ouvrage a proposé des pistes concrètes pour initier une dynamique nouvelle de reconstruction, de souveraineté et de modernité.

Il ne s'agit plus de rêver un Congo émergent. Il s'agit désormais de le construire. Brique par brique. Réforme par réforme. Projet après projet.

Car ce pays n'a pas besoin d'une assistance éternelle. Il a besoin d'une vision forte, d'une stratégie claire, et d'un leadership déterminé.

Le XXIe siècle ne sera pas clément avec les nations attentistes. Il ne récompensera que celles qui se projettent, qui osent, qui anticipent. Le temps est venu pour la République Démocratique du Congo de se repositionner, non plus comme une victime perpétuelle de ses contradictions, mais comme un acteur souverain, ambitieux et respecté dans le concert des nations.

Le Congo a longtemps été défini de l'extérieur comme un pays de conflits, de minerais et d'instabilité. Il est temps de changer le récit. Une diplomatie économique intelligente, proactive et structurée peut repositionner la RDC comme puissance verte, plateforme logistique, laboratoire d'innovation africaine. L'objectif n'est pas de vendre une illusion, mais de proposer une stratégie de visibilité crédible, alignée sur des réformes internes réelles.

« Un pays ne vaut pas que par ce qu'il possède, mais par ce qu'il projette. Le Congo doit enfin apprendre à se raconter économiquement. »

Je propose un Congo qui ose et qui bâtit :

.1 Un chemin possible, pas un mirage

La République Démocratique du Congo, avec ses contradictions, ses blessures et ses immenses potentiels, est à la croisée des chemins. Ce livre n'a pas pour objectif d'alimenter des illusions ou d'encourager des comparaisons flatteuses. Il propose une voie alternative, nourrie d'exemples concrets, d'enseignements pragmatiques et d'une conviction centrale : le Congo peut se reconstruire, s'il s'en donne les moyens.

Dubaï n'est pas un modèle universel. C'est une source d'inspiration méthodique. L'expérience émiratie montre qu'un territoire peut, en une génération, se réinventer totalement, à condition de se doter :

- D'un leadership visionnaire ;
- D'un appareil d'État agile et cohérent ;
- D'une stratégie claire et suivie ;
- Et d'une mobilisation collective constante.

Ce que Dubaï a fait, le Congo peut l'adapter et le transposer selon ses réalités.

.2 La transformation n'est pas un luxe, c'est une urgence

L'histoire de la RDC est trop souvent racontée comme une succession de dépendances, de crises, de guerres et d'occasions perdues. Ce récit doit changer. Il est temps de sortir de la gestion du court terme, des agendas politiciens et des interventions ponctuelles. Le développement n'est pas un luxe pour demain : c'est une exigence pour aujourd'hui, au risque de voir la fragmentation s'installer définitivement.

La jeunesse congolaise, majoritaire, n'attendra pas indéfiniment. Elle réclame du sens, des opportunités, de la justice sociale et un projet auquel s'identifier. C'est pourquoi la transformation du pays ne peut être le seul fait des techniciens, des partenaires ou de l'État central. Elle doit être l'affaire de tous.

3 Une stratégie nationale ancrée et partagée

Le projet proposé dans cet ouvrage repose sur des piliers articulés, qui se renforcent mutuellement :

- Infrastructures stratégiques pour désenclaver le territoire ;
- Zones économiques spéciales pour ancrer la croissance dans les régions ;
- Gouvernance de projet et institutions réformées pour garantir l'efficacité ;
- Capital humain et éducation ciblée pour une économie du savoir ;
- Diplomatie économique pour repositionner le Congo dans les flux mondiaux ;
- Mobilisation culturelle, citoyenne et médiatique pour faire naître un imaginaire collectif fort ;
- Et enfin, une planification stratégique rigoureuse, adossée à un suivi permanent.

Ce modèle n'est pas un plan quinquennal technocratique. C'est une vision évolutive, intégrée, territorialisée et citoyenne.

4 Penser comme un État stratège

L'un des plus grands défis du Congo réside dans son incapacité à se penser lui-même comme un projet de puissance. Ce livre invite à sortir de l'improvisation et du fatalisme pour adopter une posture de pays stratège :

- Penser à long terme sans ignorer l'urgence ;
- Maîtriser ses ressources et ses récits ;
- S'affirmer non par la confrontation mais par l'intelligence de ses choix.

Ce repositionnement commence d'abord dans les esprits : penser Congo autrement.

.5 Osons l'audace : une génération pour tout changer

Une génération suffit. L'histoire le montre : Singapour, Rwanda, Corée du Sud, Émirats, tous ont amorcé leur transformation profonde en moins de trente ans. Ce que ces pays ont en commun n'est pas l'argent, ni la taille, ni les ressources. C'est la volonté de bâtir, de se discipliner, et de créer des institutions au service d'une vision partagée.

Le Congo n'a pas besoin de miracle. Il a besoin d'audace, de méthode et de continuité. Les idées existent, les talents sont là, la jeunesse est prête. Il manque l'alignement.

6 En guise d'engagement

Ce livre est une proposition. Il peut être débattu, corrigé, amélioré. Mais il appelle une posture nouvelle : celle des bâtisseurs.

« Le rêve congolais ne se décrète pas, il se construit, pierre après pierre, jour après jour, génération après génération. »

Mon dernier mot, certes le modèle Dubaï n'est pas un modèle de perfection. Il a ses limites, ses zones d'ombre. Mais il montre que tout est possible pour un peuple qui se donne une vision claire, qui travaille dur, qui mise sur l'intelligence collective et qui croit en lui-même.

Et si le XXIe siècle était enfin le siècle du Congo ?

Epilogue

Quel coût pour un Congo moderne à la manière de Dubaï ?

1. Pourquoi ce livre ?

   1. Briser le cercle de l'improvisation

Depuis l'indépendance, la RDC a trop souvent subi les événements plutôt que de les anticiper. Ce livre propose un cadre structuré pour passer d'une gestion de crise à une stratégie de long terme.

   2. S'inspirer sans copier

Beaucoup d'analyses s'arrêtent aux diagnostics ; peu offrent un « mode d'emploi ». En prenant Dubaï comme boussole, on tire des leçons concrètes, transférables si on les contextualise à la réalité congolaise.

   3. Donner une vision mobilisatrice

Les idées dispersées et les plans contradictoires ne fédèrent ni les décideurs, ni les citoyens. Ce livre rassemble un projet cohérent, articulé autour de : gouvernance, infrastructures, économie digitale, diplomatie et mobilisation citoyenne.

2. Quel est son but et son mérite ?

- Objectif pratique
  Fournir aux ministères, aux collectivités locales, aux entrepreneurs et à la société civile un manuel de mise en œuvre : outils, structures à créer, indicateurs à suivre.
- Mérite intellectuel
  Il croise de manière inédite :
  - Une analyse géopolitique et économique de Dubaï ;

- Un diagnostic détaillé des blocages congolais ;
- Des propositions sectorielles et territoriales articulées.

- Valeur citoyenne

En impliquant la jeunesse, la diaspora, les femmes, ce livre n'est pas un simple exposé théorique : c'est un appel à l'action collective, fondé sur une vision partagée.

3. Pourquoi maintenant ?

1. Fenêtre d'opportunité mondiale
– Transition énergétique (cobalt, lithium)
– Révolution numérique (connectivité, fintech)
– Finance verte et obligations durables
La RDC dispose d'atouts stratégiques inédits ; ils risquent d'être captés par d'autres si le pays n'agit pas rapidement.

2. Volonté politique renaissante
Des réformes sont en cours (décentralisation, loi PPP, digitalisation de l'État). C'est le moment de fédérer ces dynamiques sous une même feuille de route.

3. Urgence sociale et démographique

– 60 % de la population a moins de 25 ans

– Explosion urbaine inexorable

– Pression sur les services de base

Pour éviter que l'instabilité ne devienne chronique, il faut poser des jalons de changement dès aujourd'hui.

En somme, ce livre propose une feuille de route : un socle d'idées et d'outils pour transformer les défis de la RDC en atouts, à l'heure où le monde change plus vite que jamais. C'est une contribution au débat national – et un guide pour ceux qui veulent bâtir, maintenant, le Congo de demain.

4. Le coût pour un Congo moderne à la manière de Dubaï

La fascination pour le modèle Dubaï, souvent perçue comme utopique pour un pays africain comme la République Démocratique du Congo, mérite d'être replacée dans une perspective budgétaire, stratégique et réaliste. Ce chapitre vise à répondre à une double question essentielle : Quel a été le coût réel de la transformation de Dubaï ? Et combien coûterait un projet de modernisation similaire adapté aux réalités de la RDC ?

A) Le coût de la transformation de Dubaï

Le Dubaï moderne que le monde admire aujourd'hui n'est pas né par hasard. Sa transformation a nécessité une vision stratégique à long terme, une volonté politique ferme, et surtout, des investissements massifs.

Investissements estimés (années 1990 à 2020)

- Infrastructures (routes, métro, aéroports) : ± 200 milliards $
- Immobilier, urbanisme, zones franches : ± 300 milliards $
- Tourisme, culture, loisirs, éducation : ± 150 milliards $
- Technologies, énergies renouvelables : ± 100 milliards $
- Financements divers et partenariats public-privé (PPP) : ± 250 milliards $

Ces fonds ont été mobilisés grâce aux revenus pétroliers, à un cadre fiscal ultrafavorable, à des investissements étrangers massifs et à une stratégie d'endettement contrôlé et orienté vers la croissance.

B) Que coûterait un modèle similaire à la RDC ?

L'objectif n'est pas de copier Dubaï, mais de s'en inspirer intelligemment pour bâtir un Congo moderne, souverain, et adapté à ses réalités.

Estimation réaliste des besoins de la RDC (sur 25 à 30 ans)

- Infrastructures de base : 100 à 150 milliards $
- Énergie (Inga, solaire, réseaux) : 30 à 50 milliards $

- Urbanisme moderne (Kinshasa, Lubumbashi, Goma…) : 40 à 60 milliards $
- Zones économiques spéciales : 20 à 30 milliards $
- Éducation, santé, formation : 25 à 40 milliards $
- Numérisation et gouvernance publique : 5 à 10 milliards $
- Sécurité et stabilisation : 10 à 15 milliards $

Total estimé : entre 250 et 350 milliards USD

C) Est-ce possible pour la RDC ?

Oui, à condition de réunir plusieurs leviers stratégiques :

a) Réformes internes :

- Lutte efficace contre la corruption
- Création d'un Fonds stratégique national de reconstruction
- Amélioration des recettes fiscales (mines, douanes, TVA)
- Révision des contrats miniers défavorables

b) Mobilisation de financements externes :

- Investissements directs étrangers (IDE) dans des zones franches attractives
- Partenariats public-privé (PPP) pour les grands projets
- Emprunts souverains maîtrisés, garantis par des projets bancables
- Coopération Sud-Sud, notamment avec les Émirats, la Chine, le Maroc ou la Turquie

c) Leadership visionnaire :

- Vision stratégique à 20–30 ans
- Gouvernance stable et crédible
- Capacité à fédérer la nation et la diaspora autour d'un projet clair

D) Simuler un plan de financement progressif

Voici une projection sur trois décennies :

Phase	Période	Objectif	Budget estimé
Phase 1	0–10 ans	Infrastructures, énergie, zones pilotes	80–100 milliards USD
Phase 2	10–20 ans	Urbanisation, services publics modernes	100–120 milliards USD
Phase 3	20–30 ans	Stabilisation, innovation, exportation	70–100 milliards USD

Ce qui représente environ 10 à 12 milliards USD par an, soit 5 à 7 % du PIB cible si la RDC atteint un PIB de 150 à 200 milliards d'ici 2050.

E) Le modèle Dubaï n'est pas un mirage, mais un miroir

Ce que Dubaï a accompli n'est pas un miracle. C'est le résultat :

- d'un choix stratégique clair,
- d'une gouvernance cohérente et stable,
- d'une ouverture aux capitaux mondiaux avec des garanties solides,
- et d'une volonté nationale de sortir du désert vers la modernité.

Le Congo dispose de ressources naturelles, humaines et géographiques considérables. Il peut, lui aussi, forger un modèle audacieux, adapté à ses spécificités, mais tout aussi performant.

Conclusion

Le coût de la modernisation du Congo à la manière de Dubaï est élevé, mais il est inférieur au prix du chaos, de l'anarchie ou de la pauvreté chronique. Le véritable enjeu n'est pas l'argent, mais le courage de construire une vision, de s'y tenir, et d'imposer un nouveau pacte de développement.. La vraie question n'est donc pas : "Combien cela coûte ?" Mais plutôt : "Sommes-nous prêts à payer le prix de notre propre grandeur ?" Que dire en somme sur le coût d'un Congo moderne à la manière de Dubaï ?

La transformation spectaculaire de Dubaï en un hub mondial a reposé sur une stratégie à long terme et des investissements colossaux estimés entre 800 et 1 000 milliards de dollars sur trois décennies. Si la République Démocratique du Congo ambitionne une reconstruction à cette échelle — non par imitation servile, mais par adaptation intelligente —, elle devra consentir à des investissements évalués entre 250 et 350 milliards de dollars sur 25 à 30 ans.

Un tel projet est ambitieux, mais réalisable. Il suppose une gouvernance stratégique, une mobilisation optimale des ressources internes, un climat d'affaires assaini, et des partenariats ciblés. Avec une volonté politique forte, la RDC peut bâtir son propre modèle de modernité, en transformant ses ressources naturelles, humaines et culturelles en moteurs de développement durable.

Ce que Dubaï a fait, le Congo peut le concevoir à sa manière. Le vrai défi n'est pas financier, mais visionnaire.

Glossaire

A

Agence Nationale de la Transformation et de la Reconstruction (ANTR)

Organisme public centralisé, autonome et rattaché à la Présidence, chargé de piloter les grands projets de reconstruction, d'arbitrer entre secteurs et de rendre compte des indicateurs de performance.

Agilité institutionnelle

Capacité des administrations à se réorganiser, déployer des ressources et modifier rapidement leurs procédures pour atteindre des objectifs stratégiques, à la manière d'une « startup publique ».

B

Boussole stratégique

Cadre de vision long terme (ex. : Vision Congo 2045) qui oriente toutes les politiques publiques, fixe des objectifs chiffrés et sert de référence pour la planification quinquennale.

Budgets citoyens

Outil de transparence et de participation où la population peut suivre, simuler et commenter l'allocation des ressources publiques dans chaque projet prioritaire.

C

Centres économiques secondaires

Villes intermédiaires choisies (Tshikapa, Kikwit, Bunia…) pour devenir des pôles de développement régional, décongestionnant Kinshasa et irrigant l'ensemble du territoire.

Corridors multimodaux

Enchaînement coordonné de routes, voies ferrées, tronçons fluviaux et hubs portuaires visant à relier les grands centres économiques intérieurs à la mer et aux marchés voisins.

Zones Économiques Spéciales (ZES)

Territoires délimités bénéficiant d'un régime fiscal et juridique attractif, d'infrastructures dédiées et d'une gouvernance autonome, destinés à catalyser l'investissement et la création d'emplois.

D

Diplomatie économique

Stratégie d'influence internationale fondée sur la promotion des atouts économiques (IDE, exportations, partenariats), via des ambassades transformées en « business hubs », foires et accords ciblés.

Diaspora bonds

Obligations émises spécifiquement pour la diaspora, offrant un taux préférentiel et finançant des projets nationaux (infrastructures, écoles, hôpitaux) tout en renforçant le lien financier et moral.

G

Gouvernance de projet

Mode de gestion centré sur des agences ou cellules dédiées, avec des indicateurs clairs, un reporting régulier, des responsabilités définies et des mécanismes de sanction ou de récompense.

Gouvernance agile

Application de méthodes itératives (sprints, feedbacks rapides, prototypes) à l'action publique, permettant d'ajuster les projets en temps réel en fonction des retours terrain.

I

Indicateurs de performance

Ensemble de mesures quantitatives (taux d'exécution budgétaire, emplois créés, kilomètres d'infrastructures…) utilisées pour suivre, évaluer et réorienter les politiques publiques.

Intégration régionale

Processus de coopération transfrontalière fondé sur des corridors, des zones franches mixtes et des accords énergétiques, visant à faire de la RDC un hub stratégique pour l'Afrique centrale et australe.

N

Numérisation de l'État (e-gouvernement)

Digitalisation des services publics essentiels (impôts, état civil, justice, éducation, santé) pour améliorer l'accès, réduire la corruption et accélérer les procédures.

P

Partenariats public-privé (PPP)

Contrats à long terme entre un acteur public et un opérateur privé pour la conception, le financement, la construction et l'exploitation d'un service ou d'une infrastructure, avec un partage équilibré des risques.

Planification quinquennale

Déclinaison opérationnelle de la vision à long terme en séries de plans de 5 ans, chacun assorti de priorités sectorielles, territoriales et budgétaires.

R

Réseaux de villes secondaires

Stratégie de développement polycentrique visant à connecter plusieurs agglomérations moyennes entre elles et avec les métropoles, pour répartir croissance et emplois.

S

Smart city (ville intelligente)

Ville utilisant capteurs, big data et plateformes numériques pour optimiser l'énergie, la mobilité, la sécurité et la participation citoyenne.

Suivi-évaluation
Processus continu combinant suivi (monitoring) des activités et évaluation indépendante des résultats, pour corriger et améliorer les interventions publiques

V

Vision Congo 2045

Horizon stratégique centenaire de l'indépendance, fixant des objectifs de développement (infrastructures, croissance, réduction de la pauvreté, transformation locale) pour guider l'action publique jusqu'en 2045.

Bibliographie

Banque Mondiale. (2022). *Doing Business in the Democratic Republic of Congo*,. Washington, DC.

Fonds Monétaire International. (2021)., *Rapport sur les perspectives économiques régionales – Afrique subsaharienne*

Programme des Nations Unies pour le Développement (PNUD). (2023*)., Indicateurs de développement humain en RDC*

UNCTAD. (2022)., *Rapport sur l'investissement dans le monde – Afrique.*

Banque Africaine de Développement (BAD). (2022*)., Perspectives économiques en Afrique – République Démocratique du Congo.*

Mohammed BIN RASHID AL MAKTOUM. (2006)., "My Vision: Challenges in the Race for Excellence*. *Motivate Publishing.*

UAE Government. (2010),. *UAE Vision 2021*,. Dubaï.

Dubai Executive Council. (2015)., *Dubai Strategic Plan 2021*

LEE KUAN YEW. (2000). *From Third World to First: The Singapore Story*,. Harper.

Paul COLLIER. (2007)., *The Bottom Billion: Why the Poorest Countries Are Failing and What Can Be Done About It*,. Oxford University Press.

DAMBISA Moyo. (2009*)., Dead Aid: Why Aid Is Not Working and How There Is a Better Way for Africa*,. Farrar, Straus and Giroux.

Table des matières

Structures éditoriales du groupe L'Harmattan

L'Harmattan Italie
Via degli Artisti, 15
10124 Torino
harmattan.italia@gmail.com

L'Harmattan Hongrie
Kossuth l. u. 14-16.
1053 Budapest
harmattan@harmattan.hu

L'Harmattan Sénégal
10 VDN SICAP AMITIE 3
BP 45034 Dakar-Fann
direction@senharmattan.com

L'Harmattan Cameroun
Isinga/Derrière polyclinique FECAFOOT
BP 11486 Yaoundé
Jacques.koukam@harmattan.fr

L'Harmattan Burkina Faso
Villa 281, secteur 23 623, rue 14.32
Ouagadougou
zagbie@outlook.fr

L'Harmattan Guinée
Almamya, rue KA 028 OKB Agency
BP 3470 Conakry
harmattanguinee@yahoo.fr

L'Harmattan RDC
185, avenue Nyangwe
Commune de Lingwala – Kinshasa
matangilamusadila@yahoo.fr

L'Harmattan Congo
219, avenue Nelson Mandela
BP 2874 Brazzaville
deunovmikhael@gmail.com

L'Harmattan Mali
Immeuble Mgr Jean Marie Cissé
Aci Hamadallaye
BP 145 Bamako
syllaka@yahoo.fr

L'Harmattan Togo
Djidjole – Maison Amela
face EPP BATOME
02 BP 20680 Lomé
didieramela11@gmail.com

L'Harmattan Côte d'Ivoire
Résidence Karl – Cité des Arts
Abidjan-Cocody
03 BP 1588 Abidjan
harmattan.ivoire@gmail.com

L'Harmattan Bénin
Rue 604, (Immeuble à l'entrée
de la rue UCAO- Cite de Saint-Jean)
Cotonou
stepcorpus@gmail.com

Nos librairies en France

Librairie internationale
16, rue des Écoles
75005 Paris
librairie.internationale@harmattan.fr
01 40 46 79 11
www.librairieharmattan.com

Librairie des savoirs
21, rue des Écoles
75005 Paris
librairie.sh@harmattan.fr
01 46 34 13 71
www.librairieharmattansh.com

www.ingramcontent.com/pod-product-compliance
Lightning Source LLC
LaVergne TN
LVHW010919061026
849535LV00007B/2135